126

134

188

224

UNSER TITELBILD

Die Fähren PRINS RICHARD und SCHLESWIG-HOLSTEIN pendeln im Sommer 2017 unermüdlich zwischen dem deutschen Puttgarden und dem dänischen Rødby hin und her. Seit 60 Jahren gibt es diese Verbindung, lesen Sie mehr ab Seite 14.

KISTENTRANSPORTER

Vor Cuxhaven herrscht fast immer reger Verkehr. Letzter Stopp der MSC SORAYA war Hamburg. Sie wurde 2008 gebaut und ist 277 Meter lang und 40 Meter breit. Ihr Heimathafen ist Panama. 15 Jahre später werden heute Containerriesen mit fast 400 Metern Länge und fast 60 Metern Breite gebaut. (Tobias Gerken)

SCHIFFFAHRTSPOLIZEI

BAGGER ÜBER DIE TOPPEN GEFLAGGT

Am 30. September 2022, im Rahmen des Deutschen Schifffahrtstages in Bremen, fand bei bestem Wetter die große Schiffs- und Bootsparade auf der Weser statt. Zahlreiche Fahrzeuge nahmen teil, u.a. Großsegler wie die ALEXANDER VON HUMBOLDT II oder die GROSSHERZOGEN ELISABETH, Oldtimer wie der Dampfeisbrecher WAL, das Feuerschiff ELBE 1 oder die Fahrgastschiffe FRIEDRICH und OCEANA, aber auch zahlreiche Behördenschiffe wie die BORKUM und die Seenotretter mit der HERMANN RUDOLF MEYER waren mit von der Partie. Trotz starker Konkurrenz entschieden wir uns hier für die Abbildung des Baggerschiffes FRANZIUS PLATE, denn wann sieht man sonst schon einmal ein Baggerschiff über die Toppen geflaggt! (Tobias Gerken)

DFDS
DFDS

BEGEGNUNG AM STRAND

Am Strand von Laboe in der Kieler Förde ist „Schiffe gucken" ein Pflichtprogramm: Die 199 Meter lange Fähre ATHENA SEAWAYS, aus Klaipeda kommend, erreicht in Kürze ihren Zielhafen Kiel. 2010 wurde sie gebaut und bietet Platz für 550 Passagiere. Zwei Jahre früher entstand der 170 Meter lange Container-Feeder JUDITH, der gerade den Nord-Ostsee-Kanal durchfahren hat und nun Kurs auf die Ostsee nimmt. (Tobias Gerken)

VENEZIANISCHER NAHVERKEHR

Statt Bussen und Straßenbahnen fahren auf Venedigs historischen Kanälen Wasserbusse, italienisch Vaparetti. Actv 43 mit der offiziellen Nummer VE9314 gehört zur Baureihe 110 und wurde bei Cantieri Navali Megaride in Neapel mit der Baunummer c.05/09 gebaut und 2010 ausgeliefert. Wahrscheinlich hat das sichtlich vollbesetzte Schiff seine Passagierobergrenze von 210 Personen fast erreicht. Während das Vaparetto der Linie 2 mit bis zu elf Knoten durch den Canale Grande eilt, ist die venezianische Gondel mit den Touristen gemütlich unterwegs. (Tobias Gerken)

2
VE 9314
Actv 43

GRIECHISCHER FLYING-P-LINER

Mit maximal 38 Knoten befördert die 42 Meter lange und 10 Meter breite Katamaranfähre SEAJET 2 bis zu 386 Passagiere durch die Ägäis. Noch schneller schwimmt der an ihrer Backbordseite grafisch dargestellte Blaue Marlin, der mit einer Fortbewegungsgeschwindigkeit von rund 100 Kilometern pro Stunde als einer der schnellsten Fische der Welt gilt. Hier verlässt die SEAJET 2 den Hafen von Parikia auf der Insel Paros mit Kurs auf Piräus, den größten Passagierhafen Europas. Mit Blick auf die Anfangsbuchstaben der Start- und Zielhäfen ist sie somit gewissermaßen ein „Flying-P-Liner" der Gegenwart. (Manuel Miserok)

SEAJETS
SEAJET 2
N.Π.-10571

Die Eröffnung der Vogelfluglinie vor 60 Jahren

Sie ist die kürzeste Verbindung zwischen Hamburg und Kopenhagen

▷ Lars-Kristian Brandt

Am 14. Mai 1963 eröffneten Bundespräsident Heinrich Lübke und Dänemarks König Frederik IX. die Fährlinie Puttgarden-Rødby im Verlauf der neuen Vogelfluglinie zwischen den Großstädten Hamburg und Kopenhagen.

Das Eisenbahnfährschiff KONG FREDERIK IX am Eröffnungstag auslaufend Puttgarden. (Alle Fotos: Slg. Järnvägsmuseet/Seved Walther)

Als Vogelfluglinie wird die kürzeste Verbindung zwischen Hamburg und Kopenhagen bezeichnet. Die Strecke orientiert sich an der Flugroute der Zugvögel. Durch die Teilung Deutschlands nach dem Zweiten Weltkrieg und dem damit verbundenen Verlust der nun in der DDR liegenden Eisenbahnfährverbindungen Warnemünde-Gedser und Sassnitz-Trelleborg eröffnete man im Jahr 1951 eine neue Eisenbahnfährlinie vom westdeutschen Großenbrode Kai, einige Kilometer südlich der Insel Fehmarn gelegen, nach Gedser. Diese Zwischenlösung wurde gewählt, da die einzig verbliebene Bahnstrecke über Flensburg und den Großen Belt (Jütlandroute) schon zu diesem Zeitpunkt überlastet war. Die beiden Fährhäfen in Großenbrode und Gedser wurden favorisiert, weil in Gedser bereits ein Fährhafen vorhanden war und in Großenbrode innerhalb kürzester Zeit eine Fähranlage hergerichtet werden konnte, ohne zuvor den Fehmarnsund zur Insel Fehmarn queren zu müssen. Allerdings war die Linie wegen des 69 Kilometer langen Seeweges und der damit verbundenen knapp dreistündigen Fahrtzeit auf Dauer nicht wirtschaftlich zu betreiben, sodass am 13. Juni 1958 zwischen dem Bundesminister für Verkehr der Bundesrepublik Deutschland und dem Dänischen Minister für öffentliche Arbeiten ein Abkommen zum Ausbau der Vogelfluglinie über die Insel Fehmarn unterzeichnet wurde. Die Überfahrt zwischen Puttgarden auf Fehmarn und Rødby auf Lolland war mit 19 Kilometern und rund einer Stunde Überfahrtszeit deutlich kürzer als die

Auf Gleis 8 steht im Fährbahnhof Puttgarden der geschmückte Sonderzug für die Ehrengäste. Vorgespannt ist die Lok V200 109.

Das Fährschiff THEODOR HEUSS läuft in den Fährhafen Rødbyhavn ein.

In Kopenhagen steigt der dänische König Frederik IX. (Bildmitte) in einen Sonderzug nach Rødby Færge.

Auf dem Eisenbahndeck der THEODOR HEUSS fährt der Bundespräsident nach Rødbyhavn.

An Bord der KONG FREDERIK IX hält Bundespräsident Heinrich Lübke eine Rede. Rechts daneben sitzt der dänische König.

König Frederik IX. und Bundespräsident Heinrich Lübke auf der Kommandobrücke der dänischen Fähre.

Symbolisch steigen von Bord der Fähre Tauben in den Himmel auf.

Forschungsschiff METEOR im Hafen von Bergen/Norwegen.

Glücklicher Zufall

Fahrt mit dem Forschungsschiff METEOR 1996

▷ Oliver Bothmann (Text und Fotos)

Manchmal sind es glückliche Zufälle, die zu besonderen Erlebnissen führen. In diesem Fall ein später fahrender Bus, sodass ich während meines Studiums der Biologie mit Schwerpunkt biologischer Meereskunde am damaligen Institut für Meereskunde in Kiel nach dem Ende eines Seminars meine Sachen recht entspannt zusammenpackte. Die meisten Kommilitoninnen und Kommilitonen waren schon entschwunden und nur noch ein weiterer Student war im Raum, als der Dozent fragte: „Übrigens, wir suchen für den Sommer eine Studentische Hilfskraft für eine vierwöchige Fahrt mit der METEOR."

Der Kollege hatte in diesen Wochen keine Zeit und nach einem Telefonat mit dem Doktoranden, für den ich arbeiten sollte, stand fest: In den Sommersemesterferien würde ich auf eine Fahrt in den Nordatlantik gehen – für einen Studenten ein echter Glücksfall, denn normalerweise bekommt man kaum einmal die Gelegenheit, auf solch eine Expedition zu gehen. Ich hatte zwar durch einige studentische Hilfsjobs bereits an vielen Tagestouren und auch mehrtägigen Exkursionen mit den Forschungsbarkassen SAGITTA und POLARFUCHS, dem Forschungskutter LITTORINA und dem Forschungsschiff ALKOR teilgenommen, aber eine solche Fahrt mit der METEOR war ein absoluter Hauptgewinn.

Denn auch die geplante Fahrstrecke im Juli und August 1996 war natürlich etwas ganz anderes als die bisherigen Fahrten in der Ostsee bis hoch ins Skagerrak: Von Bergen in Norwegen würde es am norwegischen Schelfrand Richtung Norden bis auf mehr als 75° Nord gehen – also deutlich nördlich des Polarkreises. Dann westlich Richtung Grönland und am grönländischen Schelf wieder nach Süden, bis zum Zielhafen Reykjavik auf Island – eine Region, die ich schon immer extrem spannend fand. Die Fahrten der METEOR sind – wie die aller Forschungsschiffe – durchnummeriert und die jeweiligen Fahrtabschnitte ebenfalls mit Nummern versehen. Der Fahrtabschnitt, an dem ich teilnehmen durfte, trug daher die Bezeichnung M36/3 und der Fahrtleiter – also der Chefwissenschaftler der Fahrt – war Dr. Jürgen Mienert vom damaligen GEOMAR Institut in Kiel. Sowohl das GEOMAR als auch das Institut für Meereskunde sind bereits seit vielen Jahren zum GEOMAR Helmholtz-Zentrum für Ozeanforschung Kiel verschmolzen.

Nun galt es also für mich, diese Reise zu planen. Die wichtigste Arbeitsausrüstung – Arbeitsoverall für arktische Temperaturen (auch im Hochsommer war es an den nördlichen Stationen selten mehr als wenige Grad über Null „warm"), Helm, Arbeitshandschuhe und Gummistiefel mit Stahlkappen – wurde vom Institut gestellt. Doch es galt natürlich noch eine Menge mehr an Kleidung und weiterer Ausrüstung zu beschaffen und zu verstauen. Das alles für vier Wochen in normales Fluggepäck? Glücklicherweise konnte jeder Fahrtteilnehmer noch eine Alukiste füllen, die vorab in einem Container zum Abfahrtshafen transportiert werden würde. Zahlreiche Tipps von Kollegen, die schon häufiger solche Fahrten gemacht hatten, halfen die richtigen Sachen einzupacken.

Doch – wie nicht anders zu erwarten – war noch das ein oder andere Problem zu lösen. Das Schwierigste: Das Hauptforschungsgerät, mit dem der Doktorand und ich unsere Proben nehmen sollten, ein sogenannter Epibenthosschlitten, der über den Meeresgrund geschleppt wird, war nicht so ohne weiteres greifbar. Das Gerät war von der POLARSTERN in der Antarktis eingesetzt worden und danach irrtümlich im AWI-Lager in Bremerhaven eingelagert worden. An sich kein Problem, doch dieses Lager war ein zollfreies Lager, die Dinge darin mussten also beim Verlassen des Lagers verzollt werden. Doch für das Gerät gab es nicht einmal eine Rechnung, da es vom Institut selbst angefertigt worden war. Also fuhren der Doktorand und ich gemeinsam mit dem LKW des Instituts nach Bremerhaven, um den Schlitten aus dem Freilager loszueisen. Nachdem diverse Zollbeamte vor unserem Anliegen kapituliert hatten, wurden wir beim Leiter der Zollstelle vorstellig – erfolgreich, nachdem wir den Sachverhalt erneut vorgetragen hatten. Wir durften also den Schlitten einladen – nicht ohne natürlich einen Blick in das gewaltige Lager geworfen zu haben und bewundernd vor den Geräten der Kollegen (einschließlich Pistenraupen und Schneescootern) gestanden zu haben.

Irgendwann waren die Vorbereitungen abgeschlossen, alles Material gepackt und vorab mit den Containern nach Norwegen unterwegs. Jetzt galt es nur noch, die eigenen Sachen zu packen und sich auf die lange Abwesenheit vorzubereiten. Ab dem Moment der Abfahrt aus Bergen wäre bis zur Ankunft in Island kein Kontakt mehr möglich. Nur im absoluten Notfall (und zu horrenden Preisen) wären Satellitentelefonate mit der Heimat machbar. Günstiger wären da noch Emails (pro Stück 1,50 DM) möglich, aber diese waren damals nicht wirklich ein verbreitetes Kommunikationsmedium.

Den Großteil der weiteren Wissenschaftler lernte ich erst am Flughafen in Hamburg kennen, denn die Fahrtteilnehmer kamen aus verschiedenen Instituten und aus den unterschiedlichsten Fachbereichen. Neben den Biologen (vornehmlich Planktologen und Benthologen (als Benthos wird das Leben auf und im Boden der Meere bezeichnet) wie uns, waren Meereschemiker, Geologen, Geophysiker, aber auch Meteorologen im Team vertreten. Die weitaus meisten der Fahrtteilnehmer gehörten übergeordnet zum damaligen Sonderforschungsbereich (SFB) 313, der sich mit den Veränderungen der Umwelt im nördlichen Nordatlantik beschäftigte.

Ein besonders wichtiger Part einer jeden solchen Fahrt sind die mitfahrenden Technikerinnen und Techniker, ohne die insbesondere in der Meeresforschung nichts funktioniert. Sie stellen die technischen Grundlagen, entwickeln, warten und bedienen die Geräte, mit denen Proben genommen und Daten gemessen werden.

Genauso vielfältig wie die Fachrichtungen, aus denen die Fahrtteilnehmer kamen, waren die Nationalitäten. Neben der Mehrzahl aus Deutschland kamen die Wissenschaftler aus der Schweiz, Kanada, Großbritannien (wobei die drei Kollegen nicht müde wurden zu betonen, dass sie Waliser und Schotten seien) und China. Auch das neben der fächerübergreifenden Arbeit ein klassisches Merkmal der Meeresforschung.

Der Flug mit Zwischenlandung in Kopenhagen führte uns also nach Bergen – der regenreichsten Stadt Europas, die sich glücklicherweise aber bei perfektem Wetter präsentierte. Nach dem Transfer zum Schiff, dem Bezug der Kabinen und einem Mittagessen ging es zu einem letzten Ausflug an Land, bevor wir für nahezu vier Wochen keinen festen Boden mehr unter den Füßen haben würden.

Am 21. Juli 1996 verließen wir dann mit der METEOR bei herrlichem Wetter den Hafen von Bergen und wohl nahezu alle Fahrtmitglieder nutzten diese ersten Fahrtstunden, um die Aussicht auf die wunderschöne Fjordlandschaft zu genießen. Spätestens nach dem Passieren der letzten Bohrplattformen vor der norwegischen Küste ging es dann aber an die Arbeit: Auspacken der wissenschaftlichen Geräte, Einrichtung der zugewiesenen Labore (unser Arbeitsplatz sollte ein Teil des sogenannten Fischlabors werden, welches nur über Deck zu erreichen ist) und die Kalibrierung der Geräte nahmen einige Zeit in Anspruch.

Auf der Fahrt zu den ersten Forschungsstationen konnte man sich dann auch mit dem Schiff vertraut machen, welches doch um einiges größer war als die Forschungsschiffe, auf denen ich bisher gefahren war. Aber auch hier galt das Prinzip der offenen Türen und nahezu jeder Bereich (Maschinenraum und Kombüse weitgehend ausgenommen) durfte betreten werden. Auch auf der Brücke waren wir Wissenschaftler immer gern gesehen – solange man weitge-

Das 16 Meter lange Probenentnahmegerät Schwerelot an Deck verstaut.

Vorbereitung eines Ozeanboden-Seismometers für den Einsatz.

hend den Mund hielt und keine Knöpfe drückte ... Für den Maschinenraum gab es im Laufe der nächsten Tage eine eigene Führung, die nahezu alle Teilnehmer in Anspruch nahmen. Im späteren Verlauf der Reise gab es sogar einen Kochkurs beim Schiffskoch, den zahlreiche Interessierte besuchten.

Das Essen auf der METEOR war – wie auf allen Forschungsschiffen – immer hervorragend, ideen- und abwechslungsreich. Zugegeben, es mutete etwas merkwürdig an, dass plötzlich im Nordatlantik Krokodil und Antilope auf der Speisekarte standen. Dies war aber dem Umstand geschuldet, dass die METEOR vor einiger Zeit in Südafrika Station gemacht hatte und der Koch sich nicht beherrschen konnte, landestypische Spezialitäten einzukaufen – auch eine interessante Erfahrung. Genauso wie die Tatsache, dass es schon zum Frühstück jeden Tag eine mehr als deftige Speise gab – Frikadellen mit Zwiebeln oder Currywurst waren da keine Seltenheit. Kein Wunder aber, wenn man weiß, dass die Arbeit auf einem Forschungsschiff rund um die Uhr läuft, denn Zeit ist Geld. Wenn man also die ganze Nacht durchgearbeitet hat, war man froh, auch zum Frühstück schon eine entsprechende Stärkung zu bekommen.

Die Forschungsarbeiten begannen dann auch direkt in der ersten Nacht, als mit einem Parasound-Sedimentecholot die geeigneten Stationen für die ersten Beprobungen im Bereich der Passage zwischen den Shetlands und den Färöern ausgewählt wurden. An den Stationen wurden dann mit entsprechenden Geräten vor allem Bodenproben genommen. Das wohl spektakulärste Probennahmengerät war das 16 Meter lange Schwerelot. Dieses Rohr mit einem Gewicht am oberen Teil wird mit einer Winde auf wenige Meter über dem Boden gefiert, dann ausgependelt und schließlich mit möglichst hoher Geschwindigkeit in den Boden „gestoßen". Im Rohr bleibt dann – hoffentlich – ein möglichst langer Sedimentkern enthalten, der beprobt und untersucht werden kann. Insbesondere für Veränderungen über längere Zeiträume eine hervorragende Möglichkeit der Erforschung.

Mit anderen Geräten werden dagegen überwiegend die oberen Zentimeter beprobt, so beispielsweise mit dem sogenannten Großkastengreifer. Einem Bagger nicht unähnlich sticht dieser einen Block aus dem Sediment, der dann entsprechend untersucht werden kann. Problematisch dabei ist, dass dieses Gerät alleine schon durch sein Gewicht die oberen Millimeter des Sediments extrem aufwirbelt. Da sich in den hier untersuchten Tiefen von 1000 bis über 3000 Metern das Sediment nur extrem langsam aufbaut, ist dies natürlich für die Forschung nicht förderlich. Aus diesem Grund wurde ein weiteres Gerät eingesetzt, der sogenannte Multicorer. Dieses wird sehr vorsichtig auf dem Meeresboden „abgestellt" und dann fahren mehrere Plexiglasröhren sehr langsam in das Sediment, ohne es aufzuwirbeln. Für die Schiffsführung bei den nicht immer einfachen Wetterverhältnissen im Nordatlantik keine einfache Aufgabe, weshalb diese Arbeiten auch nur bei ruhigerem Wetter möglich waren. Dafür erhält man hier fast einen Blick direkt in

Arbeit an Deck mit dem Multicorer.

die Meerestiefen, denn in den Röhren ist der Boden – und seine Lebewesen – wie in einem Aquarium zu betrachten.

Besonders spannend ist es bei solch einer Forschungsfahrt, in die Arbeitsweisen der anderen Fachbereiche hineinzuschauen. So war eine Arbeitsgruppe von Geophysikern damit beschäftigt den Meeresboden sehr genau zu „durchleuchten". Dazu wurden Ozeanboden-Seismometer auf dem Meeresboden abgestellt und dann ein sogenannter Boomer, der in regelmäßigen Abständen starke Schallwellen erzeugte,

Eisberg vor Grönland.

Zwergwal vor Nordnorwegen direkt am Schiff.

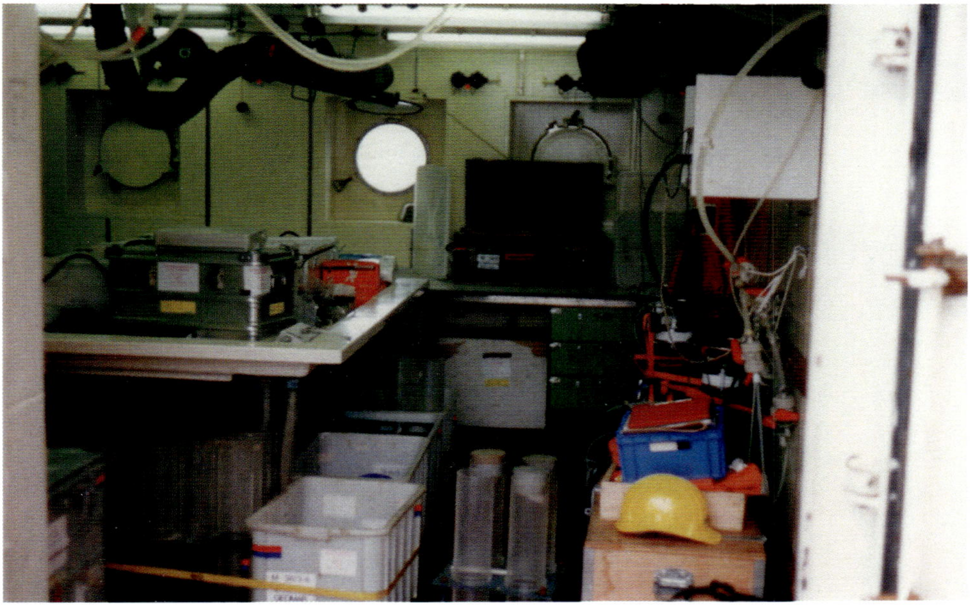

Das für die Arbeiten an Bord eingerichtete sogenannte Fischlabor.

darübergeschleppt. Anschließend wurden die Verankerungsgewichte der Seismometer mittels eines akustischen Signals ausgelöst und die Geräte kamen durch ihre Auftriebskörper wieder an die Oberfläche, wo sie aufgenommen und ihre Daten ausgewertet wurden. Keine einfache Aufgabe, die aber immer gelang.

Genauso spannend waren die Tiefseeverankerungen, die vorwiegend von den Meereschemikern und Planktologen ausgewertet wurden. Hierbei sind an einem kilometerlangen Seil mehrere sogenannte Sedimentfallen aufgereiht. Diese Fallen ähneln großen Trichtern, an deren unterem Ende sich Probesammelgläser befinden. Diese werden computergesteuert in regelmäßigen Abständen wie in einem Revolvermagazin gewechselt, sodass man für die unterschiedlichen Zeitabstände die Menge und die Art des Materials feststellen kann, welches in der Wassersäule herabsinkt. So kann beispielsweise auch festgestellt werden, welche menschengemachten Chemikalien (beispielsweise PCB) sich leider auch im Nordatlantik wiederfinden.

Das Auslegen und Aufnehmen solcher Verankerungen war immer ein besonderes Erlebnis. An der bekannten Stelle, an der eine vorherige Expedition solch eine Verankerung ausgelegt hatte, wurde – nach meist mehr als einem Jahr – das Bodengewicht der Verankerung (bestehend aus mehreren alten Eisenbahnrädern) ausgelöst und die Verankerung stieg an die

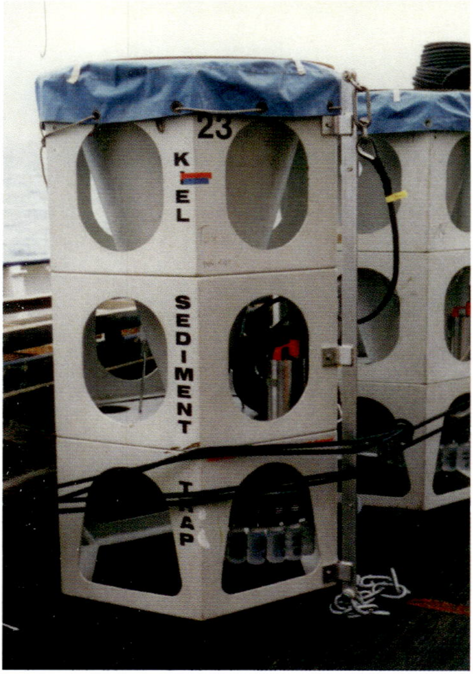

Sedimentfallen für eine Verankerung vor Grönland.

Auslegen einer Verankerung.

Oberfläche. Nun galt es, diese auszumachen und möglichst zügig aufzunehmen, da sich ansonsten das Seil allzu schnell ineinander verwickelte. Diese Manöver erforderten viele Hände, weshalb die Kollegen um jeden dankbar waren, der dabei half – insbesondere wenn diese Aufnahmen und das Auslegen zu Nachtzeiten erfolgten.

Wobei der Unterschied zwischen Nacht und Tag im Laufe der Reise immer mehr verschwamm, denn schließlich befanden wir uns im Polarsommer, sodass es auch nachts nicht mehr dunkel wurde – nur eines der wunderbaren Erlebnisse, die solch eine Fahrt neben viel Arbeit auch bot.

So war es ein absolutes Highlight, verschiedene Walarten – einschließlich springender Buckelwale – auf dem Nordatlantik beobachten zu können. Eisberge auf den nördlichsten Stationen vor Grönland flößten Respekt vor diesen Riesen ein. Sicherlich einer der schönsten Momente war aber die Vorbeifahrt an Jan Mayen, einer erloschenen Vulkaninsel nördlich von Island. Als der Kapitän der METEOR Martin Kull eines Morgens eine Durchsage machte, dass alle, die Lust auf ein besonderes Erlebnis hätten, nun einmal an Deck kommen sollten, strömten die meisten Fahrtteilnehmer von ihren Stationen. Zunächst dachten wir an einen Scherz, denn es war ei-

Jan Mayen – Vulkaninsel im Nordatlantik.

Arbeit mit dem Planktonnetz.

Schleppen des Boomers.

Wal vor Jan Mayen.

gentlich nur Nebel zu sehen. Als schon ein leichtes Murren aufkam, brach der Nebel auf und Jan Mayen lag im Sonnenschein vor uns. Als dann auch noch zwei Wale vor der Insel auftauchten, war für jeden Wissenschaftler der Tag perfekt!

Kurz danach machten wir uns auch schon daran, die Geräte wieder zu verstauen, das eigene Gepäck zu packen, denn es ging in den Zielhafen unserer Reise Reykjavik auf Island. Das hier zufällig am Tag unserer Ankunft ein großes Stadtfest (mit Feuerwerk, welches vom Peildeck der METEOR hervorragend zu betrachten war) stattfand, war nur noch die Krönung eines Erlebnisses, welches nur wenigen Studenten vergönnt ist und sicherlich der Höhepunkt meiner Studienzeit war.

Einlaufen im Zielhafen Reykjavik.

Das Forschungsschiff METEOR

Die aktuell in Fahrt befindliche METEOR ist das dritte deutsche Forschungsschiff dieses Namens. Die erste METEOR war ein als Kanonenboot konzipiertes Schiff, welches nach dem Ersten Weltkrieg als Vermessungsschiff fertiggestellt wurde und 1925 bis 1927 die „Deutsche Atlantische Expedition" als eine der ersten großen Meeresforschungsaktivitäten durchführte. Die zweite METEOR fuhr von 1964 bis 1985 unter bundesdeutscher Flagge und wurde von der 1986 in Dienst gestellten METEOR (III) abgelöst. In der DDR war von 1956 bis 1974 ein weiteres Forschungsschiff mit dem Namen METEOR im Einsatz, das allerdings vorwiegend der Geräteerprobung diente. Die aktuelle METEOR (III) wurde von der Schlichting-Werft in Lübeck-Travemünde gebaut, Betreiber ist die Leitstelle Deutsche Forschungsschiffe der Universität Hamburg. Die Bereederung erfolgte in der Dienstzeit des Schiffes durch verschiedene Unternehmen, aktuell wird diese durch die Briese Schiffahrt in Leer durchgeführt.

Die METEOR (III) auf See. (Universität Hamburg/LDF/ Meteor)

Technische Daten METEOR (III)

Vermessung: 4280 BRZ
Länge ü. A.: 97,50 m
Breite: 16,50 m
Tiefgang: 5,61 m
Höchstgeschwindigkeit: 12 kn
Reichweite: 10.000 SM
Seeausdauer: 50 Tage
Besatzung: 32
Wissenschaftler: 30

Die METEOR (III) auf der Elbe in Hamburg. (Universität Hamburg/LDF/ UHH/T. Wasilewski)

Mit der Kurkarte auf's E-Schiff

Auf dem Selliner See fährt ein umweltfreundliches Schiff, gebaut in der Region

▷ Tobias Gerken (Text und Fotos)

Bei Autos hört man den Unterschied zwischen Elektroantrieb und Verbrenner sofort: E-Autos sind leise. Das ist beim E-Schiff anders: Der Sound unterscheidet sich kaum von einem Schiff mit Dieselmotor. Aber das E-Schiff fährt abgasfrei, was hier im sensiblen Bereich des Greifswalder Boddens Vorbildcharakter hat.

Die SÜNJE fährt zwischen dem Baaber Bollwerk und dem Hafen Sellin.

Kaum zu glauben: Wir können gratis mit dem Schiff fahren, ganz einfach mit der Kurkarte, die wir für unseren Aufenthalt auf Rügen sowieso lösen mussten. Also starten wir zunächst zu Fuß in Richtung Selliner Hafen. Er wurde vor wenigen Jahren neu angelegt und als Marina für Sportboote ausgebaut. Lange müssen wir nicht Ausschau halten, schon kommt das Fahrgastschiff SÜNJE um die Ecke. Und wirklich, die Kurkarte gilt als Fahrschein. Ohne Stufen oder Hindernisse geht es an Bord des Solarschiffes, eine echte Erleichterung nicht nur für Menschen mit Handicap.

Innen fühlen wir uns eher wie in einem Bus. Fahrgäste, Schiffsführer sowie sein Decksmann teilen sich den einzigen Raum an Bord. Am Heck gibt es ein kleines Außendeck, auf dem Fahrräder Platz finden. Und schon geht es los. Leiser als ein Schiff mit konventionellem Antrieb ist es nur beim Start. Das liegt wohl daran, dass die Antriebsgeräusche von Schiffsdieseln sonst oft von der aufschäumenden Welle übertönt werden. Aber es riecht nicht nach Abgasen, ein klarer Vorteil gegenüber den „Verbrennern".

Wir können die herrliche Natur und den Geruch der See genießen. Langsam gleitet SÜNJE über den Selliner See. Ein Segelboot kommt uns in der Fahrrinne entgegen. Es fährt gerade unter Hilfsmotor, also nicht emissionsfrei.

Die Fahrt dauert nicht lange und wir erreichen das Baaber Bollwerk, kurz davor kreuzen wir noch den Weg der kleinen Fahrradfähre von Baabe nach Moritzdorf. Diese fährt als eine der

Ein- und Ausstieg erfolgen barrierefrei. Auch auf dem Schiff gibt es keine Stufen oder Höhenunterschiede.

Der Innenraum sieht eher einem Bus ähnlich, nur luftiger.

Die SÜNJE hat Platz für 60 Passagiere bei einer Länge von 18,50 Metern und einer Breite von 5,48 Metern. So steht es groß über der Brücke, die es eigentlich im herkömmlichen Sinne gar nicht gibt.

Das Werftschild sagt aus: Die Formstaal GmbH & Co. KG aus Stralsund war der Erbauer. 2017 wurde Formstaal von Ostseestaal übernommen. Elektroschiffe baut Ostseestaal heute in der Tochterfirma Ampereship GmbH.

letzten Ruderfähren Deutschlands auch emissionsfrei.

Am Baaber Bollwerk wartet die SUNDEVIT, wie unsere SÜNJE ein Schiff der Weißen Flotte Stralsund. Sie bringt uns mit Hilfe ihres Dieselmotors weiter nach Lauterbach. Die Abgase riechen nach dem Umstieg vom E-Schiff in diesem Moment schon fast nostalgisch.

Wir freuen uns darauf, eines Tages auch diese und viele andere Strecken mit umweltfreundlichen und abgasfreien Schiffen fahren zu können.

MEHR ZUR INSEL RÜGEN

OCEANUM SPEZIAL Rügen und Hiddensee *Tobias Gerken (Hrsg). 160 Seiten mit zahlr. farbigen Abbildungen, 14,8 x 21 cm, Broschur, EUR 18,90. www.oceanum.de*

52 Solarmodule sind auf dem Dach der SÜNJE montiert.

DAS E-SCHIFF SÜNJE

Das erste Einsatzgebiet für die SÜNJE (Sonne) war der Mittellandkanal in Wolfsburg. Hier fuhr das Schiff zusammen mit dem Schwesterschiff ALUNA für die Autostadt. Seit 2021 ist die SÜNJE auf den Boddengewässern im Südosten von Rügen unterwegs, während die ALUNA weiterhin Besucher von VW in Wolfsburg transportiert.
Die Gemeinden Baabe, Sellin, Mönchgut und Göhren möchten mithilfe des neuen Angebots zu Wasser seit 2021 Urlauberverkehr von der Straße holen. Die Fahrt ist für Inhaber der Kurkarte kostenlos.

Technische Daten:
Länge: 18,50 m
Breite: 5,48 m
Tiefgang: 0,63 m
Bauhöhe: 3,25 m
Bauwerft: Formstaal GmbH, Stralsund
Baunummer: 6
Katamaran aus Aluminium (behindertengerecht)
Antrieb: 2 x 15 kW Sail-Drive Elektromotoren und 6 kW Querstrahlruder Bug
Speicher: 2 x Lithium-Polymer-Batteriebänke mit Batteriemanagementsystem, Hauptnetz 48 V, Gesamtkapazität: 2 x 730 Ah
Energiegewinnung: ca. 80 % über 52 Solarmodule mit je 205 W mit einer Gesamtleistung 10,6 kWp, zusätzlich externe Ladung der Batteriemodule über Nacht (ca. 20 %)
Dienstgeschwindigkeit: ca. 8 km/h
Höchstgeschwindigkeit: ca. 13 km/h
Passagiere: 60 Sitzplätze
Besonderheiten: behindertengerechte Toilette, kleine Pantry

SÜNJE passiert den Anleger der Fahrradfähre, die das Baaber Bollwerk mit Moritzdorf verbindet.

Festmachen in Baabe.

Der Arbeitsplatz des Kapitäns.

DIE WERFT AMPERESHIP

Die Stralsunder Werft hat sich auf den Bau von emissionsfreien Elektro-Solar-Schiffen und Fähren spezialisiert. In den Werfthallen können Schiffe bis zu 50 Metern Länge und 12 Metern Breite gebaut werden. Der Hauptwerkstoff ist Aluminium/Magnesium AlMg 4,5. Er ist rostfrei, hochfest und seewasserbeständig.

Baunummer 1 der Werft war die SOLAARIS, ein Elektro-Solar-Fahrgastschiff für die Stadtwerke Münster, welches auf dem Aasee im Einsatz ist. Es folgten vier Elektrofähren für Berlin. Auch die weltweit erste Elektro-Solar-Autofähre für Binnengewässer entstand am Strelasund sowie die erste Elektrofähre für den Bodensee (wir berichteten in OCEANUM 06).

Drei besondere E-Schiffe für den Zürichsee (Schweiz) wurden bei Ampereship gebaut und im April 2023 in Betrieb genommen. Besonders flache Schiffskörper waren notwendig, da die Schiffe auf dem schmalen Fluss Limmat wenden müssen und tiefe Brücken zu durchfahren sind. Geladen werden die neuen Schiffe über Nacht mit Ökostrom.

Eine 37 Meter lange und emissionsfreie Doppelend-Autofähre für die Verbindung Ostseebad Travemünde mit dem Priwall hat im Juni 2023 die Werfthalle verlassen. Sie wird von zwei 231-kW-Voith-Elektroaggregaten angetrieben und kann bis zu 300 Personen, 15 Fahrräder und 18 Pkw transportieren.

Die Werfthalle von Ostseestaal in Stralsund im Sommer 2023.

Die abenteuerlichen Reisen von Kapitän Schröder

Briefe an seinen Reeder aus der Salpeterfahrt während des Salpeterkrieges

▷ Gerd Kelbling

Die Briefe von Kapitän Schröder wurden 2020 im Kopierbuch in seiner alten Seekiste gefunden, die von der Familie verwahrt aber lange vergessen war. Die mehr als 250 in Sütterlinschrift geschriebenen Briefe konnten in Teilen transkribiert werden. Sie wurden inzwischen an das Schifffahrtsmuseum in Rostock übergeben. Aus den Briefen des Kapitäns von seiner Reise Oktober 1878 bis August 1881 spricht die Überraschung über die unvorhergesehene neue Situation, in die er und seine Mannschaft durch den Ausbruch des Krieges um Salpeter geraten waren. In den folgenden zwei Jahren vor der Küste Chiles musste der Kapitän an Stelle des Reeders handeln und regelmäßig Bericht erstatten. Die erzwungene Reiseverlängerung betraf ihn auch persönlich, denn er wollte 1879 nach seiner Rückkehr aus Chile seine Verlobte heiraten. Das konnte mit Genehmigung der Reederei erst im August 1881 stattfinden. Seine frisch angetraute Helmine konnte es kaum erwarten, nach Antwerpen und auf das Schiff zu kommen, das sie nun mit ihrem Ehemann um Kap Hoorn nach Chile führen sollte.

Die Reede von Iquique um 1900.

Die Reise 1879 bis 1881

Normalerweise bestimmte die belgische Reederei Engels & Co Lade- und Löschplatz, kümmerte sich um die Schiffsausrüstung, die Verproviantierung und die Anheuerung der Besatzung. So lief Kapitän Schröder mit der hölzernen Dreimastbark JOHANNA ENGELS (Länge 46 m; Tragkraft rd. 900 t) mit Kohle und Koks am 29. Oktober 1878 von Liverpool aus und ging am 2. April 1879 in der Bucht von Valparaiso (Chile) vor Anker. Dort erfuhr er, dass zwischen Peru und Chile ein Krieg um Salpeter ausgebrochen sei und die Ladehäfen Pisagua und Iquique gesperrt wurden. Damit erweiterten sich Aufgaben und Verantwortung für den Kapitän erheblich. Er musste jetzt als Kaufmann an Stelle des Reeders handeln, denn der einzig mögliche Briefverkehr war unregelmäßig, unsicher und vor allem viel zu langsam.

In normalen Zeiten war mit einer durchschnittlichen Verweildauer von 80 bis 90 Tagen an der chilenischen Küste zu rechnen, darauf waren Ausrüstung, Proviant, Besatzung und Finanzen abgestellt. Tatsächlich konnte Kapitän Schröder erst nach 720 Tagen an Chiles Küste die Rückreise antreten. Er musste jetzt selbst für Schiff und Mannschaft entscheiden. Das bedeutete, über Kontrakte zu verhandeln und die Finanzierung des Schiffes zu organisieren. Über seine Entscheidungen und wichtige Ereignisse berichtet er per Brief an den Reeder nach Antwerpen und den Schiffsmakler Huth & Co in Valparaíso.

Seine Reise mit dem für Kap Hoorn klassifizierten Schiff JOHANNA ENGELS führte zwischen kleinen Häfen ohne Infrastruktur viele Monate hin und her. Zumeist wurde Kupfererz und Kohle transportiert. Immer fuhr die Ungewissheit mit, ob dem Wunsch des Reeders Folge geleistet werden sollte, der alle seine Schiffe nach Hause beordert hatte. Aber eine Reise um Kap Hoorn ohne eine ausreichend bezahlte Fracht für Salpeter wollte Kapitän Schröder nicht verantworten. Bei einer sich bietenden Gelegenheit bunkerte

Die hölzerne Dreimastbark MARNIX DE ST. ALDEGONDE.

an ihre Eltern zu verfolgen. Eine derartige Möglichkeit, dass zwei unterschiedliche Original-Dokumente über Salpeterfahrten verfügbar sind, die nicht durch Schriftsteller bearbeitet wurden, ist vermutlich einmalig. So können wir Eindrücke von der Lebenswirklichkeit der Salpeterfahrer um 1880 bekommen. Denn der Aufenthalt vor Chiles Häfen von durchschnittlich 80 bis 90 Tagen unterschied sich erheblich von dem, was heute in den oft kurzen Hafenliegezeiten möglich ist. Es gab vor allem viele Gelegenheiten zu Kontakten und auch Freundschaften an Land und zwischen anderen Schiffen, von denen Helmine erzählte.

Der Kapitän berichtete von Lösch- und Ladetätigkeiten, Schiffspflege, vergeblichen Versuchen, Stockfisch aus Europa in den Häfen an Chiles Küste zu verkaufen. Und er erzählte von Problemen mit der Mannschaft. So schreibt er:

Von der Besatzung habe ich 5 Mann hier abgemustert. 2 Mann sind zu 60 Tage Gefängnis verurtheilt, da sie den Steuermann mit einer Axt angreifen wollten, die Kajütenthür einbrechen wollten u.d.gl. mehr Unfug an Bord während meiner Abwesenheit. 2 Mann wegen selbst verschuldeter Krankheit, der 2te Steuermann wegen Trunkenheit, und der 5te Mann ist fortgelaufen. Dafür habe ich 5 Matrosen wieder angemustert, und gleicht sich die Monatsgage so ziemlich aus.

Helmine beschrieb zum Beispiel im Brief an ihre Eltern aus Pisagua die Flaggenparade anlässlich ihres fünfundzwanzigsten Geburtstags und die Einladung an zwei befreundete Kapitäne und den Lotsen zum Festessen. Sie berichtet auch vom erfolgreichen Verkauf eigener Gegenstände:

Unser Piano und Spiegel sind verkauft und wurden am Sonnabend abgeholt. Im ersten Augenblick sah es nun so kahl aus. Nun ist aber alles fein aufgeriggt. Das Auge gewöhnt sich schon so nach und nach daran. Wir haben beides hier sehr gut bezahlt gekriegt. Auch von meiner Wäsche ist etwas verkauft und einige andere Sachen. Drüben können wir das alles wieder ersetzen. Mein Robert hat jetzt lieber die bare Münze dafür. Wir werden Euch alles zusenden und Ihr werdet es für uns sicherstellen. Auf See hat man doch nur mit unnützem Gepäck zu hüten.

Vom Besuch bei Freunden an Land berichtete sie:

Am Nachmittag fuhr ich mit an Land, um Miß North Lebewohl zu sagen. Vom Lande aus sahen wir, als unsere Flagge gezeigt wurde, das Zeichen, daß der letzte Sack Salpeter übergekommen ist. Obwohl wir zum Mittag eingeladen waren, eilten wir doch, an Bord zu kom-

men. Ich wollte nämlich das „Häpp, häpp" Rufen mit beiwohnen. Eben nach unserem Abendbrot kam auch die ganze Mannschaft mit brennenden Fackeln vor unsere Kajüte und brachte dem Captain ein „Häpp, häpp". Nach Beendigung gingen alle wieder voraus. Jetzt begann erst die richtige Feier. Jedes im Hafen liegende Schiff bekam ein „Häpp", worauf die dann auch wieder antworteten. Oh es war drollig mit anzusehen, wie die brennenden Fackeln nun alle über Bord geworfen wurden. HESPERNS gab zur Feier des Tages zwei blewlights und eine Rakete zum besten, ebenfalls ein anderes englisches Schiff.

Helmine erlebte aber auch einen Konflikt an Bord, auf den Sie nicht vorbereitet war. Sie berichtete an ihre Eltern:

Nun bat ich meinen Robert, doch den Leuten zwei Kruken Genever und etwas von meinem Kuchen geben zu dürfen. Es dauerte gar nicht lange, fangen sie vorne an zu singen, kommen alle vor unsere Kajüte und bringen uns ein Ständchen in englisch. Dies ist die einzige Sprache, welche sie alle so ziemlich können. Es sind darunter neun oder zehn verschiedene Nationen. Wie sie beendet hatten, bat ich meinen Robert um noch eine Flasche für die Leute. Mit der Bedingung erhielten sie dieselbe, sich nicht das Schlagen zu kriegen. Drei Kruken unter so vielen ist ja gerade nicht so gefährlich, das heißt Koch und Zimmermann hatten extra eine erhalten und der Steuermann eine Flasche Wein. Bis zehn Uhr blieben sie nun immer in vollem Gesang. Passe auf, sagt mein Robert, dies geht noch nicht so ruhig ab. Eben hatte er es gesagt, hörten wir auch schon den Lärm. Ein fremdes Boot kam longside. Außerdem waren von unserm Nachbarschiffe auch noch Matrosen vorne. Mit vielem Hin- und Herrufen hatte unser Steuermann die Fremden schließlich von Bord gekriegt, kaum waren die aber fort, steigerte sich bei uns die Unruhe. Solche Matrosen sind ja gar nicht wie Menschen, schon mehr wie Vieh. Welche Angst ich dabei ausgestanden habe könnt Ihr Euch wohl denken. Ich machte mir ja auch Vorwürfe, ich hatte die Veranlassung dazu gegeben. Daß solche Unruhe dadurch entstehen konnte, hatte ich ja nicht die geringste Ahnung. Ich wollte den Leuten ja nur eine Freude bereiten. Schließlich waren unsere ziemlich zur Ruhe, sie hatten sich wirklich müde getobt. Welchen Platz sie als Ruheplatz hatten, war ihnen einerlei, auf der Spiere oder darunter, denn an Koje gehen war ja nicht zu denken, wo sie hinfielen da lagen sie. Wie z.B. unser Steuermann unseren Russen beim Arm kriegt und legt ihn unter die Back, küßt der ihm die Hand und ruft zärtlich aus "You are my father".

Denkt Euch meine Lieben diese Schilderung nur nicht so gefährlich, Ihr wißt ja aus alter Erfahrung, daß ich für Betrunkene nur immer ein furchtsames Hasenherz habe. Auf See kenne ich keine Angst und Furcht.

Heute morgen hat die ganze Gesellschaft gut ausgeschlafen und ist fleißig bei der Arbeit. Sie freuen sich, daß sie gestern einen so recht vergnügten Abend verlebt haben. Im großen ganzen sind es fleißige gutmütige Leute, je mehr verschiedene Nationen je besser ist es. Die fatale Hauptsache ist nur gewesen, daß die fremden Matrosen vom Land sehr viel scharfes Getränk mitgebracht hatten, welches unser Steuermann heute morgen erst erfahren hat.

Die Probleme mit der Verbindung zur Heimat traten in der für das Ehepaar essentiellen Frage des Geldtransfers in die Heimat zu Tage. Helmine schrieb an ihre Eltern:

Zwei Briefe haben wir an der Westküste von Euch erhalten, davon den einen in Valparaiso, den letzten in Pisagua. Meine Lieben, habt Ihr denn unsere Photographien und Wechsel nicht empfangen? Mein Robert ist sehr unruhig hierüber, unser ganzes Hab und Gut haben wir Euch Lieben ja zu Eurer Obhut zugesandt. Sollte alles verloren sein? Oh ich kann es mir kaum denken. Sollte Fred Huth und Co. dieselben doch nicht gleich abgesandt haben? Bitte, bitte, teilt uns so bald wie möglich Gewißheit hierüber mit. Daß unser Papa unsere Vertrauenssachen so gewissenhaft wie nur möglich besorgt, sind wir ganz fest von überzeugt. Aber ob alles sicher in Eure Hände gelangt ist, sind wir unruhig darüber. Mein Robert hat aber immerhin noch einen dritten Wechsel hierüber, also ganz verloren ist es nicht. Mein Robert hatte die vorläufige Heuerabrechnung und die Bescheinigung der 1000 Franken bei Capt. Harms, Antwerpen nebst unserer Versicherungspolice (unsere Sachen und Kleider) – alles für uns große Wertpapiere – meinem Briefe beigefügt, damit im Falle, wir alle verloren wären, Ihr meine Teuren, über uns oder vielmehr in unsere Geheimnisse eingeweiht wäret. Das Geld 1072 $ oder 160 £ hat mein Robert bei unserem dortigen Agenten, Herrn Watters eingezahlt. Ein Wechsel auf Europa ist in Pisagua nicht zu erhalten. Also mußte es nach Valparaiso zu Huth & Co gesandt werden und dieser wollte es an Eure genaue Adresse, welche wir dort gelassen, absenden, ebenfalls die 53 £ am Tage wie wir Valparaiso verließen. Nun genug davon. Alles wird sich schon zum besten herausstellen.

Anfang September 1882 war die MARNIX zurück. In Falmouth bekam Kapitän Schröder die Order seines Reeders, den Salpeter in Liverpool zu löschen. Mit erkennbarem Stolz berichtete Helmine:

Morgens eben vor sechs kam der Lotse an Bord, nachmittags um zwei Uhr segelten wir über die Barre. Und um 7 Uhr waren wir vor die Stadt gesegelt ohne Dampfer! Wirklich eine so brillante Gelegenheit die sich nur selten so darbietet. Man muß fast immer einen Schleppdampfer haben und diese sind sehr kostspielig. Noch eben vor Holyhead verlangte uns einer 50 £ ab. Ein anderer eben vor der Barre 22 £. Bis 9 1/2 Uhr mußten wir nun auf der Reede liegen.

Die Reise von 1882 bis 1883

Am 14. September 1882 übernahm die Reederei wieder die volle Kontrolle über das Schiff. Proviantversorgung, Reparaturen, Personalwechsel, Lösch- und Ladeanweisungen – alles, was auf der langen Reise mit der JOHANNA ENGELS vor der Küste Chiles allein vom Kapitän zu verantworten war, wurde wieder von der Reederei bestimmt.

Kapitän Schröder schrieb an die Reederei:

Geehrter Capt. (Harms) Ihren Brief habe ich soeben erhalten und ersehe daß die MARNIX wahrscheinlich hier laden soll. Ich beeile mich daher Ihnen die Proviantliste einzuschicken. Das Löschen geht ziemlich schnell von statten, und können wir spätestens Mittwoch leer sein. (100 Tons behalte ich wenigstens ein bis dieselbe Quantität Kohlen im Schiff ist). Gestern schickte ich einen Brief an Sie ab, worin ich noch von Schiffsangelegenheiten schrieb. Ich werde nichts unternehmen bis ich genaue Instructionen von Ihnen habe, welches ich mit erster Gelegenheit erwarte. Ich grüße Sie.

Auch die Entscheidung, ob Helmine noch einmal mitreisen durfte, lag in der Hand des Reeders. Kurz vor der angesetzten Abreise stimmte er letztlich zu und so begann die zweite Reise der MARNIX am 18. Oktober 1882. Helmines Briefe an die Eltern berichteten jetzt mehr Einzelheiten von der Reise. Sie berichtete von Sturm und Segelmanövern, von Temperatur und Äquatortaufe und von der schwierigen Umrundung von Kap Hoorn:

Mit dem 39. Tage schnitten wir den Äquator, Neptun kam aber wie vergangenes Jahr. Die Besatzung hat ihm ganz sicher nicht gefallen, denn es sind ja die verschiedensten Nationen, Skandinavier, Russfinnen, Deutsche und andere, fast alle sehr unerfahrene Matrosen, obgleich große und stattliche Figuren darunter sind. Je dummer, je besser für unsern Handel.Hat mein Robert mal Lust, packen wir beide unsere Waren aus. Schlechte Ware gibt's nicht. Alles ist vom besten und ebenso billig, als wenn Sie an Land kaufen. „Was wünschen Sie?" Wollene Hemden von der besten oder zweiten Sorte, auch vielleicht schöne Unterhosen, Schal, Handschuhe, Mütze, Strohhüte? Sogar zum Schuhmacherladen haben wir es gebracht. Dieses Geschäft besorge ich hauptsächlich Seestiefel, Halbstiefel. Dieses Wirken und Schaffen macht uns nun den köstlichsten Spaß. Auch Kautabak oder Rauchtabak - alles ist zu haben. Schnell sind 50 Thaler verdient; d.h. nicht wirklich verdient aber doch im Buch eingetragen. Gern möchte diese Gesellschaft alles kaufen, alles gefällt. Mein Robert ist aber ein genauer Buchführer und gibt nicht mehr heraus, als was sie bis heute verdient haben. Es könnte ja auch sein, sie laufen in Valparaiso weg und Robert hätte dann das Zusehen.

Unsere Reise ging nun ziemlich gut von statten, abwechselndes Wetter wie vergangene Reise, nur sahen wir kein Land. Das Wetter wollte es uns dieses Mal nicht gestatten, die Straße la Maire zu passieren. So haben wir beinahe drei Wochen hin- und her gekreuzt und sind schließlich unten um die Staaten Insel rumgesegelt. Wir waren bis 60° Süd. Ziemlich kalt, dort haben wir auf kurze Zeit Winterwetter kennengelernt.

Dem Landgang in Valparaíso standen zunächst Hindernisse im Wege, die Helmine ihren Eltern beschrieb:

Am nächsten Morgen Um 8 Uhr kam der Hafenkapitän, um unsere Papiere zu empfangen. Vor diesem Besuch dürfen wir gar nicht an Land. Er suchte und blätterte nun darin herum, alles war in Order, nur der Gesundheitspaß war in Liverpool nicht vom chilenischen Konsulat unterzeichnet. Ein neues Gesetz, welches erst in diesem Jahr herausgegeben. Nun hieß es aber „Kraft meines Amtes; aber mein lieber Herr Captain, Sie müssen nun einen Tag in Quarantäne liegen.

Er sah, daß wir uns zum Landgang gekleidet hatten, mein Robert bot ihm Getränk an. Aber nein, für alles dankte er. Nun prüfte er die Proviantliste fast zehn Minuten. „Haben Sie denn gar keinen Käse und Anschovis oder dergleichen Sachen"? „Gewiß", sagte mein Robert, „ich glaubte es sei nicht nötig, solche Kleinigkeiten einzeln aufzuschreiben". „Wie viele haben Sie denn so ungefähr"? Und nach einigem Nachdenken: „Würden Sie mir denn einen Käse davon verkaufen? Wieviel kostet der"? Darauf mein Robert: „Ich will Ihnen gern einen schenken und eine Box Anchovis dazu". Nun bekam er auch noch Lust dieselben mit Schwarzbrot zu probieren, und so machte ich schnell die Frühstückstafel fertig. Er ließ sich's auch vortrefflich munden, fast eine Flasche Wein leerte er allein. „Packen Sie mir den Käse und Anchovis man gut ins Papier und geben es gleich ins Boot. Wenn ich beides als Geschenk bekomme, kann ich wohl gern an Land eine kleine Notlüge gebrauchen und sagen, Sie sind schon einen Tag hier".

Auch Kapitän Schröder schrieb nach der Ankunft in Valparaíso an seinen Reeder über den Beginn der Reise aus Liverpool:

Am 10. Oct. wurde Besatzung beim belg. Consul gemustert, um am 17.Oct, an Bord zu sein. Nachmittags wurden wir aus dem Dock geschleppt. Auf dem Revier als ich die Mannschaft musterte, fehlten 3 Mann. Der Koch welcher schon bei Ihrer Anwesenheit an Deck war und auch 2 Matrosen; da nun die übrigen Leute auch nicht sehr vertrauenserweckend aussahen, war ich gezwungen auf dem Revier zu ankern Ich sah mich an Land um die noch fehlenden 3 Mann zu verschaffen, welches mir auch am folgenden Tage gelang. Am 20. Oct. erst konnte ich ausdampfen. Um 6 Uhr verließ uns das Dampfboot. Am 25. Oct. Nachmittags kamen wir in freieres Fahrwasser. Mit 17 Tagen auf Madeira Breite. Hatten einen sehr flauen Passat, so daß wir erst am 27. Nov. nach 59 Tagen Reise den Äquator passierten. Der SO Passat auch sehr flau, überhaupt sehr ungünstig bis Hauten Insel hin, welches wir mit 80 Tagen auf See erreichten. Dort angekommen war der Wind 5 Tage von südlicher Richtung, weshalb ich hinter Hauten Insel logierte. Ich rechnete auf NW Wind. Am Freit. den 12. Jan. nachdem ich das Warten müde war konnten wir mit SW Wind von St. B. um die Ostspitze von Staaten Insel herum, ich machte einige Beobachtungen und fand unsere Länge nur 12° Unterschied. Montag den 5. Febr. u. Dienstag den 6. lagen wir Order abwartend in der Valparaiso Bai vor Anker auf Order wartend. Während 3 Wachen gingen meine beiden Steuerleute Seewache, da einige der Mannschaften laut werden ließen, weg zu laufen. Am 7.2. wurden wir in die Bai geschleppt, um Cocks zu löschen Dieses ging nur sehr langsam von statten; erstens weil die Leute sehr faul waren; 2tens weil der Cocks schlecht zu bearbeiten ist und dann dazu von achter und vorn aus dem Unterraum auf gearbeitet werden mußte. Eine Weile ging es noch gut mit den Leuten, welche darauf rechneten, bei Ende der Entladung auszukneifen.

Im weiteren Verlauf des Berichtes schilderte Kapitän Schröder ausführlich den Konflikt mit dem Segelmacher als Rädelsführer, der die „vordere Mannschaft" zur Arbeitsverweigerung anstiftete. Es gab Polizeieinsatz an Bord, Verhöre der Streikenden beim belgischen Konsul und 60 Tage Gefängnisstrafen für zwei der Aufrührer.

Aus Iquique, wo Salpeter geladen werden sollte berichtete er, dass drei Mann von Schleppern von Bord geholt wurden. Zum Zeitpunkt der Abreise Anfang Mai waren von der ursprünglichen Mannschaft von 14 Mann insgesamt sechs Mann fortgelaufen. Weil die Gagen in Iquique teurer waren als in Liverpool, wurden nur drei Matrosen als Ersatz angemustert um den Etat nicht zu überschreiten.

Die Schwierigkeiten auf der Rückreise fingen bereits in Iquique an, als ein Teil der Mannschaft Bedingungen für ihre Mitreise stellte. Kapitän Schröder berichtete:

Ich muß nun noch mittheilen, daß 7 dieser Leute in Iquique und in Liverpool gemustert sind, 3 Engländer 2 Franzosen, 1 Deutscher, 1 Däne. Bei der Unterzeichnung wollten erstere 7 Leute die Bedingung für ihre Arbeit festlegen. Ich versprach, nachdem wir ums Cap Horn gegangen wären und nur auf der anderen Seite bei gutem Wetter, daß die Leute morgens und nachmittags ein paar Stunden, um das Schiff zu reinigen und in gute Order zu bringen, eingesetzt werden. Sobald dieses geschehen, könnten sie dann wieder zur Koje gehen. Es wurde etwas zögernd angenommen und somit die Reise begonnen.

Bis auf einige häufig belanglose Ereignisse ging alles sehr gut von statten, bis dann die Meuterei begann. Zunächst waren es nur 5 Rebellen, welche mich zwingen wollten, Pernambuco binnen zu laufen und dann noch 2 Leute zum Streite umstimmten. Der noch alleinige Leichtmatrose Boy Nielsen von vorne sollte sich ebenfalls melden und wenn nicht, daß sie ihn über Bord werfen würden, so daß er mehrere male weinend mir dieses mittheilte und ich denselben aus dem Logis nehmen mußte, so daß die 7 Rebellen ihr Reich allein hatten. Die Kerls geben zu, auf der ganzen Reise frei herum gelaufen zu sein und dadurch thatsächliche Meuterei vorliegt."

Die Meuterer zogen sich in ihr Logis zurück und verweigerten jegliche Arbeit für das Schiff. In den beigefügten Protokollauszügen für die Hafenpolizei in Hamburg werden die Einzelheiten dieser abenteuerlichen Fahrt deutlich. Versuche in den folgenden Tagen von zwei passierenden Frachtschiffen Leute zu bekommen schlugen fehl. Es muss sehr dramatisch gewesen sein, mit der kleinen arbeitsbereiten Mannschaft der Havarie und einem heftigen Sturm Stand zu halten. Am 26. August 1883 konnte die MARNIX in Hamburg festmachen. Zuvor hatte Kapitän Schröder mit dem belgischen Konsul in Cuxhaven über das weitere Vorgehen sprechen und vereinbaren können, dass die Hafenpolizei in Hamburg die sieben Rebellen an Bord festnehmen sollte.

Auszüge aus dem Protokoll bei der Hafenpolizei Hamburg

Am Dienstag den 26 Juni (1883) waren der 1te Steuermann und der Bootsmann beide nach den vorderen Logis gegangen und fragten die Leute ob es ihnen nicht beliebe an die Arbeit zu gehen, worauf dieselben antworteten: Nicht solange das Schiff noch auf dem Meere schwimmt. Bis am Sonnabend den 30 Juni waren die genannten 7 Matrosen noch nicht wieder an der Arbeit. Gegen Abend 7h30 nach dem Abendessen gingen der Bootsmann sowie der Steuermann einer nach dem anderen zum Logis und fragten nach der Ursache, worauf der Matrose C. H. [...] *und Junge Peter Petersen antworteten, daß dieselben nicht mehr an Deck kommen wollten bis das Schiff im nächsten Hafen sei.*

[...] *Am Montag den 1. Juli 83 hielten wir mit der restlichen Mannschaft einen Rath wo ich den Vorschlag machte, die Reise unter diesen Umständen fortzusetzen und das erste Schiff was wir begegnen* [... leider nicht lesbar]

Vom 2 July bis 4 July hatte das Schiff ein Leck bekommen, so daß wir immer wieder Tag und Nacht so viel wir konnten gepumpt hatten. Von den 7 widerspenstigen Leuten war keiner zur Arbeit bereit. Im Gegentheil zeigten dieselben durch rufen und singen ihre Freude darüber und hatten sogar zum Koch, Zimmermann und Leichtmatrosen gesagt es geschieht ihnen nur Recht.

Morgens des 7 Juli legten wir das Schiff und es gelang uns das Leck mit einem Keil ab zu dichten.

Am Sonnabend den 11 Aug hatten wir einen sehr starken Sturm. Niemand von den widerspenstigen Leuten half Segel fest machen, sondern freuten sich darüber daß die noch arbeitenden Leute sich sehr anstrengen mußten zur Sicherheit für Schiff und Ladung.

Am 29.August schrieb Kapitän Schröder an seinen Reeder:

Gestern sind die sechs arbeitenden Leute von dem belg. Consulat verhört worden und sind nach ihren Aussagen auf Eid abgenommen und in Protokoll genommen. Der Bootsmann gab an, daß der P. Blancha den Vorschlag gemacht, ehe wir Pernambuco passiert hatten, den Capt. am Gangspil fest zu machen, dem Steuermann das Kommando zu übergeben und das Schiff nach Pernambuco einzubringen. Der Zimmermann sagt, daß der Steuermann ihm mit Schimpfreden gedroht und sagt, daß wenn das Schiff nicht sinken würde, sie das Schiff sinken machen wollten, nach Hamburg käme das Schiff doch nie hin. Der Leichtmatrose Boy Nielsen sagt, daß er 2 Tage lang mit über Bord werfen bedroht wurde. Der Koch bezeugt, daß das Proviant während der Reise in gutem Zustande war und von den Hauptartikeln noch für 2 Monate an Bord ist.

Am 31. August schrieb er an seinen vertrauten Ansprechpartner in der Reederei Kapitän Harms: *Herr Engels telegraphierte, die 2 Monat Heuer der Rebellen unter die Leute der Mannschaft zu vertheilen. Nachdem ich schon den Leuten 1 Monat extra Gratifikation gegeben hatte und sie damit zufrieden stellte. Ich habe es bei diesem 1 Monat bewenden lassen, um weitere Unkosten dazu gehörig zu sparen. Einliegend finden Sie eine spezielle Rechnung hierüber vor. Die MARNIX hat unter dem Kupfer nur kleinere Reparaturen nöthig, im Falle sie wieder für die Westküste bestimmt werde. Unter Deck und im Zwischendeck war stets alles trocken, sodaß ich wieder aus dem Raum herauskam, worin ich Ausschau gehalten hatte. Unter Deck waren nur einige Riemen, welche etwas Bewegung hatten und wo*

das Wasser ein wenig durchrieselte (d.h. tropfenweise).
Ich hatte in Iquique eine gute Plattform gelegt und konnte mit einem Lichte in der Hand vorn und achtern bis Mittschiff unter die Ladung sehen, daß alles stets in Ordnung war. Die Plattform ist folgender Weise gelegt. Längsschiff in 3 Theile , dann all die alten Raaen und sonstigen überflüssigen Raaen wie früher in Querlänge gesägt, in 4 Theile gespalten und quer über gelegt, dann noch wieder Planken und Bretter längs über, so daß die Plattform eine ziemliche Höhe ist. In der Seite am höchsten, ich möchte mit Bestimmtheit sagen, daß kein Wasser von unten an den Salpeter gespült hat. Die Takelage ist in Ordnung, bis auf einige kleine Schmiedearbeiten. Wie ich von Herrn Engels erfahren, soll die MARNIX verkauft werden. Daher geht es mir jetzt im Kopf herum, was ich denn weiter beginnen soll und nehme ich Ihren guten Rath und Fürsprache gerne an. Meine Gedanken hierüber sind: Wenn Herr Engels weitere Dienste für mich hat, so ziehe ich diese vor Allem vor. Wie z. B. mit Vergnügen würde ich gerne als Dampfschiffskapitän von Antwerpen nach Buenos Ayres fahren, wenn ich auch erst eine Probereise ohne Gage machen müßte. Als Steuermann ist mir zuwider, lieber möchte ich ein kleiner Segelschiffskapitän sein. In diesem Falle, wenn Sie Capt. Harms die MARNIX für das letzte Gebot kaufen wollen, kann ich 10,000 Frcs Part nehmen und wohl auch noch 10,000 Frcs Part mehr bei Freunden besorgen. Ein Angebot als Schiffskapitän auf Dampfer ziehe ich jedoch vor, wenn ich denn auch vorläufig einige Monate zu Hause verweilen soll, welches ich seit 9 Jahren nicht gethan habe. Ich ersuche Sie Capt. Harms mir recht bald in dieser Angelegenheit ein wenig Rath zur Beruhigung zu geben.
Zum Schluß nun noch mache ich Ihnen die Mittheilung, daß meine liebe Frau Helmine während der Reise von einem toten Knaben, schwer aber glücklich von mir entbunden wurde, jedoch meine Frau befindet sich sehr wohl und sendet Ihnen die besten Grüße

Aus Hamburg gibt es nach der Ankunft keine Briefe von Helmine an die Eltern. Sie berichtete erst wieder von der Reise mit der MARNIX, die auf Anordnung des Reeders nach Antwerpen gebracht werden sollte, wo ihr Verkauf geplant war. Das Ehepaar überlegte, ob sie die MARNIX eventuell selbst erwerben könnten.

In ihren Briefen gibt es keinen Hinweis auf die dramatischen Ereignisse der vergangenen Reise. Nichts wünscht sie sich mehr als *weiter beisammen auf dem Meere herum* [zu] *schwimmen.*

MEHR ZUM THEMA

Die abenteuerlichen Reisen einer Kapitänsfrau. *Bordbriefe der Helmine Schröder von Frachtsegelschiffen um Kap Hoorn. Von Ursula Feldkamp und Gerd Kelbling (Hrsg.), 239 S., gebunden, EUR 17,90. www.oceanum.de*

Schmugglern auf der Spur

In den 1980er- und 1990er-Jahren wurde der Zoll mit neuen 28-Meter-Booten ausgestattet

▷ Andreas Engel (Text und Fotos)

In den 1950er-Jahren erhielt der Wasserzolldienst Neubauten für seine Streifenfahrten auf den Grenzgewässern. Als das Einsatzende dieser Zollboote der ersten Nachkriegsgeneration abzusehen war, ließ die Bundeszollverwaltung als Ersatz in den 1980er- und 1990er-Jahren sieben Zollboote der 28-Meter-Klasse und vier Zollboote der 38-Meter-Klasse auf Werften an der Unterweser bauen. Über die 38-Meter-Boote berichteten wir bereits ausführlich in OCEANUM 07, nun beschäftigen wir uns genauer mit den 28-Meter-Booten.

Die KNIEPSAND (II) 2021 westwärts im Nord-Ostsee-Kanal.

Erstmals folgten die Neubauten der 28-Meter-Zollboote einer veränderten Konzeption: Der Antrieb erfolgt mittels dreier Motoren über drei Wellen. Die beiden äußeren Wellen sind mit Festpropellern ausgestattet. Die mittlere Welle verfügt über einen Verstellpropeller für die Marschfahrt. Das Bugstrahlruder erleichtert das An- und Ablegen. Auf dem Vorschiff kann bei Bedarf ein Maschinengewehr G8 (Heckler & Koch HK21) auf die Lafette aufgesetzt werden, um nötigenfalls durch den berühmten Schuss vor den Bug das Aufstoppen von Wasserfahrzeugen zu erzwingen. Zur Ausrüstung gehört ein in einer Heckwanne gelagertes Tochterboot, das über eine absenkbare Heckklappe ausgesetzt und wieder aufgenommen werden kann. Das mitgeführte Tochterboot kann für Boardingmanöver oder für selbstständige Streifenfahrten und Kontrollen eingesetzt werden. Sowohl das Zollboot als auch das selbstaufrichtende Tochterboot bestehen vollständig aus seewasserbeständigem Aluminium. Das Einsatzgebiet der an der Nordseeküste stationierten Einheiten erstreckt sich von der dänischen bis zur niederländischen Grenze. An der Ostseeküste stationierte Einheiten kümmern sich um die Küste von der dänischen bis zur polnischen Grenze. Das Erscheinungsbild der Zollboote prägte zunächst der seinerzeit übliche grüne Anstrich der Bootsrümpfe, der später durch die aktuelle Farbgebung in Kobaltblau ersetzt wurde. Im Laufe der Zeit wechselte der Zoll bei einigen (nicht bei allen) Zollbooten die ursprünglichen Tochterboote durch

KNIEPSAND (I) (später KALKGRUND) 1986 auf Meilenfahrt in der Eckernförder Bucht.

Auf diesem Bild aus 2017 sind die Ähnlichkeiten im Rumpfaufbau zwischen dem 1989 gebauten und inzwischen außer Dienst gestellten DGzRS-Boot VORMANN STEFFENS und dem 28-Meter-Zollboot JADE ex HOHWACHT zu erkennen. (Tobias Gerken)

schnellere Festrumpfschlauchboote (Rigid Inflatable Boats, sogenannte RIBs) aus. Seit 1994 setzt der Zoll die Bootsgeneration innerhalb des Koordinierungsverbunds Küstenwache ein. Zwei dieser 28-Meter-Zollboote wurden bereits aufgrund ihres Alters ausgemustert und verkauft. Drei neue Zollboote befinden sich in Bau. Eins davon baut die Fassmer-Werft in Berne. Die beiden anderen werden von der Tamsen-Werft in Rostock gebaut. Ihre spezielle Bauweise erlaubt es ihnen, im Wattenmeer trockenzufallen, ohne Schaden zu nehmen. Wahrscheinlich werden mit fortschreitendem Alter weitere 28-Meter-Boote verkauft. Umso wichtiger ist es, diese Bootsklasse nun noch einmal in den Fokus zu rücken.

Serie von sieben 28-Meter-Zollbooten

Als erstes Boot der Serie der 28-Meter-Klasse kam die von der ehemaligen Schweers-Werft in Bardenfleth gebaute KNIEPSAND (I) in Fahrt. Die Bauwerft konnte auf gemeinsam mit der Deutschen Gesellschaft zur Rettung Schiffbrüchiger entwickelte Baumuster eines Seenotkreuzers mit Beiboot zurückgreifen. Charakteristisch für die 28-Meter-Zollboote ist die Delta-Form des Rumpfes. Das heißt, das eckige Heck stellt die größte Breite des Rumpfes dar. Diese Rumpfform sorgt für ein gutes Seeverhalten. Einerseits führt sie zu einer besseren Fahr- und Manövriereigenschaft, andererseits zu einer besseren Kursstabilität bei hoher achterlicher See.

Im August 1986 präsentierte die damalige Oberfinanzdirektion Kiel als für Schleswig-Holstein zuständige Mittelbehörde des Zolls den Prototypen der Siebenerserie der Presse. Dafür lief das neue Zollboot noch unter Werftflagge auf der Kieler Förde für das Foto-Shooting ein paar Runden, um sein Fahrverhalten zu demonstrieren. Unmittelbar danach ging es auf die Meßstrecke in der Eckernförder Bucht zur Meilenfahrt, um die Geschwindigkeiten bei verschiedenen Motordrehzahlen zu ermitteln.
Die Taufe und Indienststellung fanden am 20. August 1986 in Husum statt. Stationiert wurde die KNIEPSAND (I) jedoch in Hörnum auf der Insel Sylt. Das Tochterboot erhielt den Namen LÜTT MOOR. Mit der Indienststellung des siebten und letzten Zollbootes der Serie, der gleichnamigen KNIEPSAND (II), verlegte der Zoll 1996 die wegen der Namensgleichheit in KALKGRUND umbenannte ehemalige KNIEPSAND (I) nach Kiel. Das Tochterboot behielt den ursprünglichen Namen.
Aufgrund teilweise neu definierter Einsatzbedingungen und einer höheren Dauerhöchstgeschwindigkeit im Vergleich zum Prototypen KNIEPSAND (I) konstruierte die Fassmer-Werft die sechs nachfolgenden Zollboote der 28-Meter-Klasse neu. Dabei fanden die zwischenzeitlich mit dem bewährten Prototyp KNIEPSAND (I) im Einsatz gewonnenen Erfahrungen Berücksichtigung. So wurden zum Beispiel der Rumpf länger und breiter, der Tiefgang größer und die Maschinenleistungen stärker. Durch die Veränderungen des Rumpfes konnte auch der Aufbau vergrößert werden, sodass die Besat-

Technische Daten KNIEPSAND (I)

Länge: 27,00 m
Breite: 6,25 m
Tiefgang: 1,60 m
Antrieb: MWM 12 Zylinder TBD 234V12
Leistung: 3 x 631 kW (2575 PS)
Geschwindigkeit: 23 kn (42 km/h)
Besatzung: 8 Beamte (Soll)

Technische Daten LÜTT MOOR

Länge: 6,80 m
Breite: 2,20 m
Antrieb: DB Marinediesel mit 78 kW (106 PS)

Technische Daten der sechs optimierten Boote am Beispiel der KNIEPSAND (II)

Länge: 28,62 m
Breite: 6,38 m
Tiefgang: 1,95 m
Antrieb: MTU 8 Zylinder 8 V 396 TE 74
Leistung: 3 x 825 kW (3366 PS)
Geschwindigkeit: 24 kn (44 km/h)
Besatzung: 12 Beamte (Soll)

Technische Daten ODDE

Länge: 6,92 m
Breite: 2,34 m
Tiefgang: 0,75 m
Antrieb: MTU 6 R 058 TA 61
Leistung: 82 kW (111,5 PS)
Geschwindigkeit: 13 kn (24 km/h)

Die 28-Meter-Zollboote im Überblick

Baujahr	Bauwerft	Name	Tochterboot	Zollschiffstation
1986	Schweers	KNIEPSAND (I)	LÜTT MOOR	Hörnum
1991	Fassmer	GLÜCKSTADT	FORTUNA	Glückstadt
1991	Fassmer	PRIWALL	BUCHHORST	Travemünde
1992	Fassmer	RÜGEN	VITT	Sassnitz
1993	Schweers	HOHWACHT	HÖRN	Kiel
1994	Fassmer	HIDDENSEE	POEL	Rostock
1996	Fassmer	KNIEPSAND (II)	ODDE	Hörnum

zung bessere Arbeitsbedingungen erhielt. Die Werft hielt bei der Neukonstruktion an der bewährten Delta-Form fest. Diese Linien sind nicht nur hinsichtlich der angestrebten Geschwindigkeit von Vorteil, sondern verringern die Rollbewegungen des Bootes deutlich.

Als letztes Zollboot der Serie kam 1996 die KNIEPSAND (II) mit dem Tochterboot ODDE

Die GLÜCKSTADT 2001 in den gleichnamigen Heimathafen einlaufend.

1993 übt die PRIWALL auf der Ostsee ein Boarding-Manöver mit Materialübergabe an die HOHWACHT.

Die PRIWALL 2021 westwärts im Nord-Ostsee-Kanal.

Die RÜGEN 1992 auf Meilenfahrt in der Eckernförder Bucht.

1995 liegt die RÜGEN in der Halle der Schiffswerft Barth GmbH.

Das Tochter-RIB der RÜGEN, die VITT, im Jahr 2007.

Die RÜGEN im Rahmen einer Ausbildungsfahrt des MaST im Jahr 2021 auf der Kieler Förde.

DIe HOHWACHT 1993 auf Meilenfahrt in der Eckernförder Bucht.

in Fahrt. Es ersetzte in Hörnum/Sylt das erste, 1986 in Dienst gestellte Zollboot der Serie, die in KALKGRUND umbenannte und nach Kiel verlegte KNIEPSAND (I).

Im Oktober 1995 lag die PRIWALL planmäßig für eine vierwöchige Überholung aufgeslipt in der Schiffbauhalle der Schweers-Werft, als abends aufgrund eines technischen Defekts im Maschinenkontrollraum ein Brand ausbrach. Das Boot wurde schwer beschädigt. Das Feuer vernichtete große Teile der Aufbauten und der darunterliegenden Räume. Den langwierigen und aufwändigen Wiederaufbau des Zollbootes übernahm die benachbarte Fassmer-Werft.

In 2011 ließ der Zoll durch die Tamsen-Werft in Rostock eine Grundüberholung der PRIWALL und der HOHWACHT durchführen. Statt der alten MWM-Motoren kamen jeweils drei modernere MTU-Motoren in die Maschinenräume. Die neuen Dieselmotoren sind sparsamer im Kraftstoffverbrauch und aufgrund des geringeren Schadstoffausstoßes wesentlich umweltschonender als die Vorgänger.

Weil die HOHWACHT von Kiel nach Wilhelmshaven verlegt werden sollte, wurde sie am 1. Oktober 2011 in JADE umbenannt. Es ist Tradition in der Zollverwaltung, dass die Zollboote Namen tragen, die einen Bezug zu ihren Einsatzgebieten haben. Nach Abschluss der Werftarbeiten und anschließender Probefahrt erreichte die JADE am 19. Dezember 2011 ihren neuen Heimathafen in Wilhelmshaven.

Die RÜGEN verlegte 2020 von ihrem Heimathafen in Sassnitz auf der Insel Rügen nach

Das selbstaufrichtende Tochterboot HÖRN der JADE (ex HOHWACHT) im Jahr 2017 auf eigenständiger Streifenfahrt auf der Unterweser.

Die JADE (ex HOHWACHT) 2019 im Nord-Ostsee-Kanal.

Die HIDDENSEE 1998 Warnemünde anlaufend mit selbstaufrichtendem Tochterboot ...

... und 2017 ostwärts im Nord-Ostsee-Kanal mit RIB-Tochterboot.

2004 befindet sich die KALKGRUND (ex KNIEPSAND I) auf der Slipanlage der Werft Gebr. Friedrich in Kiel.

Neustadt in Holstein zur dort ansässigen Bundespolizei (See). Seitdem dient sie dem Maritimen Schulungs- und Trainingszentrum (MaST) der Bundespolizei (See) als Schulboot. Was war der Grund für diese Transaktion? Die Bundespolizei (See) und der Zoll arbeiten im Koordinierungsverbund der Küstenwache eng zusammen. Da lag es auf der Hand, dass der Zoll seit 2007 die bei der Bundespolizei (See) vorhandenen Kapazitäten sowie nautischen und maschinentechnischen Kompetenzen mitnutzen wollte. Auch andere Bundes- und Landesbehörden, die mit ihren Booten und Schiffen die ihnen gesetzlich zugewiesenen maritimen Aufgaben auf See erfüllen, nehmen im Zuge einer vereinbarten Zusammenarbeit die Kompetenzen des MaST in Anspruch. Die RÜGEN hat sich mit ihren spezifischen Eigenschaften für die Aus-, Fort- und Weiterbildungsmaßnahmen als Schulboot gut bewährt. Weil die RÜGEN an das MaST gegeben worden ist, erhielt die Zollschiffstation Sassnitz die KNIEPSAND als Ersatz.

Bei den Zollbooten KALKGRUND, RÜGEN und HIDDENSEE wurden die selbstaufrichtenden, aus seewasserbeständigem Aluminium bestehenden Tochterboote im Laufe der Zeit durch schnellere und wendigere Festrumpfschlauchboote, sogenannte RIBs, ausgewechselt.

Was ist aus den verkauften 28-Meter-Zollbooten geworden?

Das Zollboot GLÜCKSTADT wurde im Jahr 2012 von der bundeseigenen Verwertungsgesellschaft VEBEG im Auftrag des Zolls an einen Käufer in den Niederlanden verkauft. Dieser verkaufte es weiter an die im Offshore-Bereich tätige West African Ventures Ltd. aus Lagos in Nigeria. Anfang 2014 lag das nunmehr auf den Namen SECWAV 2 getaufte Boot (Heimathafen: Lagos) mit einem grauen marineähnlichen Anstrich im Hafen von Maassluis/NL. Im Hafen von Antwerpen/Belgien hievte ein Kran die SECWAV 2 auf das Frachtschiff BBC ODER, das es nach Onne/Nigeria brachte. Die Abkürzung SECWAV bedeutet vollständig Security West African Ventures. Mit an Bord war die SECWAV 1, das ehemalige Polizeiboot BREMEN 3.

Im Dezember 2010 schrieb die VEBEG das Zollboot KALKGRUND (ex KNIEPSAND) zur Versteigerung aus. Den Zuschlag bekam die belgische Firma Geo Aqua. Die neue Eignerin rüstete das Boot zu einem Survey-Boat um. Unter anderem wurde die Heckwanne für die Aufnahme des ehemaligen Tochterbootes geschlossen. Die so gewonnene Arbeitsfläche erhielt am Heck des Bootes ein für die Befestigung von Messgeräten vorgesehenes Gerüst. Geo Aqua setzte das

Die GEO OCEAN I (ex KALKGRUND, ex KNIEPSAND I) 2018 ostwärts im Nord-Ostsee-Kanal auf Überführungsfahrt nach Kappeln.

OFFCON KALKGRUND (ex KALKGRUND, ex GEO OCEAN I, ex KNIEPSAND I) 2018 Lubmin auslaufend.

in GEO OCEAN I umbenannte Survey-Boat mit seinem neuen roten Rumpfanstrich in den Bereichen der Hydrografie und Topografie vor den Küsten Belgiens, Frankreichs und der Niederlande ein. Dem Vernehmen nach soll das Survey-Boat sogar vor nordafrikanischen Küsten den Meeresboden vermessen haben. Beheimatet war die GEO OCEAN I auf den Cook Islands.

Am 11. April 2018 fuhr die GEO OCEAN I ostwärts auf dem Nord-Ostsee-Kanal. Sie war auf Überführungsfahrt nach Kappeln an der Schlei. Die dort ansässige, im Offshore-Bereich tätige Firma Offcon GmbH (Offshore Consulting) hatte sie gekauft. Auf der Eberhardt-Werft in Arnis an der Schlei erhielt der Rumpf den firmentypischen offcon-blauen Anstrich. Am 11. Mai 2018 stellte die Offcon GmbH ihre Neuerwerbung im Hafen von Kappeln im Rahmen eines open ships der Öffentlichkeit vor. Zu diesem Zeitpunkt hieß das Boot noch GEO OCEAN I, hatte jedoch die Flagge Panamas gesetzt. Einige Zeit später wurde das Boot in OFFCON KALKGRUND umbenannt und lief wieder unter deutscher Flagge. Am Heck prangten in großen, weißen Buchstaben der neue Name und der neue Heimathafen Kappeln. Es war schön zu sehen, dass aufgrund dieser Namensgebung an die Vergangenheit als Zollboot aus dem benachbarten Kiel erinnert wurde. Die Offcon GmbH setzte die OFFCON KALKGRUND vom Hafen in Sassnitz aus im Auftrag der 50 Hertz Transmission GmbH als Guard in Offshore-Projekten im Seegebiet vor Rügen ein.

Im Dezember 2021 sah ich das ehemalige Zollboot KALKGRUND im Hafen von Sassnitz wieder. Es hatte zwar noch den Anstrich im firmentypischen Blau der Offcon GmbH, aber ihre Firmenschilder waren von dem Aufbau entfernt worden. Dagegen waren die Schilder mit folgender Aufschrift noch vorhanden: „operating on behalf of 50 Hertz CWA 2.0". Frei übersetzt bedeutet es: „In Betrieb befindlich im Namen von 50 Hertz für CWA 2.0". CWA 2.0 ist die Bezeichnung für den nordöstlich vor Rügen gelegenen Offshore-Windpark Ostwind 2. Das Boot heißt nun wieder KALKGRUND und weist am Heck den Heimathafen Rostock aus. Die in Rostock ansässige Firma Offshore & Marineservice UG & Co. KG ist neue Eignerin des ehemaligen Zollbootes. Die mit der KALKGRUND durchzuführenden Aufgaben und Tätigkeiten haben sich nach dem Verkauf scheinbar nicht wesentlich verändert.

Während meines mehrtägigen Aufenthalts 2021 in Sassnitz gelang mir ein wohl nicht alltägliches Foto. Auf dem Foto sind das erste (ehemalige) Zollboot der 28-Meter-Serie KNIEPSAND (später umbenannt in KALKGRUND) und das letzte Zollboot dieser Serie, die noch im Wasserzolldienst befindliche KNIEPSAND, gemeinsam im Hafen von Sassnitz liegend abgebildet.

Der Brandungsmaler Karlheinz Schrader

„Die Reflexion der Sonne auf dem Wasser, das ist die Hauptsache bei meiner Malerei."

▷ Rüdiger von Ancken (Text und Fotos)

Stimmungsvolle Meeresbrandungen im Abendlicht meisterlich darzustellen, das war eine Spezialität von Karlheinz Schrader. Das war aber nur die eine Seite seines Œuvres, viel lieber hörte er, wenn man ihn den Maler der See nannte, die er in allen Varianten darzustellen wusste. Aber auch Landschaftsbilder gehörten zu seinem Werk.

Abendliche Brandung. Öl auf Leinwand, Privatbesitz.

Karlheinz Schrader wurde am 29. Mai 1925 in Altona geboren. Damals war Altona noch eine selbständige Stadt, die erst durch das Groß-Hamburg-Gesetz von 1937 ein Stadtteil von Hamburg wurde. Karlheinz Schrader besuchte die Mittelschule im Altonaer Stadtteil Ottensen und begeisterte sich von klein auf an für das Zeichnen. Erhalten gebliebene Studien belegen seine frühen Zeichenfertigkeiten. Die Schule beendete er 1939 und er fing eine Sattlerlehre an. Sein Wunsch, wie der Vater Seemann zu werden oder zumindest eine Segelmacherlehre zu absolvieren, verhinderte der gerade begonnene Zweite Weltkrieg.

Im Juni 1942 wurde Karlheinz Schrader von der Kriegsmarine eingezogen und zur Marineartillerie, Abteilung Küstenschutz, kommandiert. Während seiner Artilleristenausbildung erkannte man sein gutes Sehvermögen sowie das sichere Schätzen von Entfernungen und teilte ihn der Funkmessabteilung See zu. Schrader wurde nach Lorient in Frankreich abkommandiert, einer Stadt, die damals wegen ihrer großen Bedeutung als U-Boot-Stützpunkt besonders massiven Bombenangriffen der alliierten Luftstreitkräfte ausgesetzt war. Bis zum Kriegsende blieb er dort. Nach der Kapitulation gelang es ihm, aus Lorient zu flüchten, aber er wurde in der Nähe von Paris aufgegriffen und wanderte in Brienne-le-Chateau in französische Kriegsgefangenschaft. Hier lernte er den akademisch ausgebildeten Kunstmaler Helmut Graul Dölau kennen, der

Abflauender Sturm. Öl auf Leinwand, 30 x 40 cm, Privatbesitz.

Der Leuchtturm Roter Sand. Öl auf Leinwand, ca. 40 x 60 cm, Privatbesitz.

Schraders künstlerische Begabung erkannte und ihn in die Grundbegriffe der Malerei einführte. Graul Dölau unterstützte Schraders Neigung zur Seemalerei und förderte ihn bei seinen Wellen- und Wolkendarstellungen.

Im Dezember 1948 wurde Karlheinz Schrader aus der Kriegsgefangenschaft entlassen und er kehrte nach Hamburg zurück. Bei einem Gartenarchitekten fand er als Natursteinsetzer Arbeit, verlor aber nie das Ziel aus den Augen, nur von der Malerei zu leben.

Anfang der 1950er-Jahre lernte er den Hamburger Kunstmaler Prof. Wilhelm Battermann (1872–1964) kennen, der im nicht weit entfernten Othmarschen lebte. Wilhelm Battermann gab ihm wichtige Hinweise zur Malerei, sagte aber auch: „Ich kann Ihnen einiges beibringen, aber Talent müssen Sie selbst mitbringen" und zu seiner Seemalerei: „Herr Schrader, wenn man das Meer malen will, dann muss man es immer beobachten, es ist in ständiger Bewegung". Nach und nach ließen sich Schraders Bilder immer besser verkaufen. Seine erste erfolgreiche Ausstellung hatte er 1955 in der Timmendorfer Galerie des Aquarellmalers Helmut Clausen. Clausen war von Schraders Bildern begeistert und riet ihm: „Malen Sie, was der Pinsel hergibt. Ihre Bilder gehen."

1957 traf Karlheinz Schrader den weit über die Hamburger Landesgrenzen bekannten Altenwerder Marinemaler Johannes Holst (1880–1965). Klopfenden Herzens betrat er Holsts Atelier und nach mehrstündiger Unterhaltung fragte er schüchtern, ob er mal wiederkommen dürfe.

Sylt, Sonnenuntergang. Öl auf Leinwand, 30 x 40 cm, Privatbesitz.

„Jo, min Jung, dien Näs gefällt mi, kumm mol wedder." Karlheinz Schrader suchte Holst häufig in seinem Atelier auf und er bekam einen guten Einblick in dessen Malerei. Von Holst erhielt er viele technische Hinweise, die seine eigene malerische Entwicklung förderten. Obwohl auch andere Marinemaler bei Holst vorsprachen, um ihm über die Schulter blicken zu dürfen, Karlheinz Schrader blieb der Einzige, den er akzeptierte. So wurde zum Beispiel der Cuxhavener Ernst Troch mit den Worten „Nee, Konkurrenz bruuk ich nich" abgewiesen.

Anfang der 1960er-Jahre gab Karlheinz Schrader seine Arbeit als Steinsetzer auf, da er inzwischen

Karlheinz Schrader 1966 bei Hochwasser an der Elbe. (Archiv Schrader)

Sylt, Sturmbrandung. Öl auf Leinwand, 30 x 40 cm, Privatbesitz.

gut von seiner Kunst leben konnte. Er verlegte seinen Wohnsitz nach Hamburg Blankenese, von wo er am Strandweg einen freien Blick auf die Elbe hatte. Seine Spezialität wurden nach und nach die Sonnenuntergänge am Meer, die er bereits zu seiner Soldatenzeit an der französischen Atlantikküste intensiv beobachten konnte. Von Galeristen erhielt er häufig Aufträge, gleich mehrere Dünen- und Brandungsgemälde am Stück zu fertigen, die dann vorzugsweise auf Sylt zum Verkauf angeboten wurden.

Karlheinz Schrader war reiner Autodidakt. Bevor er mit der Arbeit an einem Bild begann, fertigte er immer eine Skizze an, um sich eine Vorstellung über das Motiv zu schaffen. Für seine Malerei benutzte er häufig Fotos als Hilfsmittel. In Hamburger Museen studierte er an Schiffsmodellen die Takelage der Segelschiffe, um im Atelier seine Studien auf der Leinwand umzusetzen. In freier Natur hat Schrader selten gemalt, und wenn, dann höchstens bis Windstärke 2, wie er mit einem Augenzwinkern gerne erzählte.

Seine Bilder hat er in vielen Städten und bei namhaften Galeristen ausgestellt. Beginnend in Timmendorf, in Hannover bei der Galerie Koch, in Travemünde und Lübeck, auf Sylt, in Büsum und in München. Auf der jährlich stattfindenden Art Maritim in den Hamburger Messehallen

Viermastbark auf hoher See. Öl auf Leinwand, 60 x 90 cm, Privatbesitz.

war Karlheinz Schrader fast zwei Jahrzehnte lang vertreten. Hauptsächlich verkaufte er seine Bilder in Deutschland, aber er hatte auch Kunden in Holland, Frankreich und Dänemark, sogar in den USA kannte man seinen Namen.
Seine stimmungsvollen Brandungsbilder vermitteln dem Betrachter die mächtige Weite des Meeres, verbunden mit dem langsamen Auslaufen der sich brechenden Wellen an den Meeresstränden. Schrader sagte über seine Bilder: „Die Reflexion der Sonne auf dem Wasser, das ist die Hauptsache bei meiner Malerei."
Ende der 1980er-Jahre zog der Künstler zurück nach Ottensen, dem Stadtteil wo er aufgewachsen ist. Am 2. September 2012 verstarb Karlheinz Schrader.

Karlheinz Schrader 2010 in seinem Atelier.

HR
HAMBURGER RUNDBRIEF

ZEITSCHRIFT FÜR SCHIFFSLIEBHABER UND SAMMLER VON MINIATUR - MODELLEN
- MAGAZINE FOR SHIPLOVERS AND COLLECTORS OF MINIATURE MODELS -

Ihr Hamburger Rundbrief ...
... Mit einem neuen Herausgeberteam erscheint der Hamburger Rundbrief nun im 46. Jahrgang.

Wir berichten über einzelne Schiffe, ihre Schicksale, und über Miniaturmodelle, in denen diese Schiffe wieder aufleben.
Alles über das aktuelle Angebot aller renommierten Hersteller und vor allem, alles über die Schiffe, die kunstvoll für Sie gefertigt werden.

5 Hefte pro Jahr im Abonnement **für 62,- €.**

Kontakt:
redaktion@hamburger-rundbrief.com
Verlag Scriptorium
Trappweg 12
34431 Marsberg

BEGRÜNDET VON R. K. LOCHNER
HERAUSGEBER SCRIPTORIUM
VERANTWORTLICH FÜR DEN INHALT FRANK HUISMANN M.A.

Dunkle Wolken über der Förde

Wir erkunden mit dem Fahrgastschiff VIKING die Flensburger Förde

▷ Tobias Gerken (Text und Fotos)

Es ist mein erster Besuch an der Förde. Wir nähern uns Flensburg von der Wasserseite, der schönsten Art, eine Hafenstadt anzusteuern. Früher fuhren Tausende mit den Butterschiffen auf der Förde, heute ist nur noch ein Fahrgastschiff geblieben.

Am Ufer liegt die UNTERELBE, das Exponat des Flensburger Schifffahrtsmuseums. Die VIKING kommt gerade aus Glücksburg.

Gegen 10.30 Uhr hat die VIKING Glücksburg erreicht. Im Hintergrund die dänische Küste.

Bei schönstem Sonnenschein warten wir morgens an der Glücksburger Seebrücke zusammen mit zahlreichen anderen Fahrgästen auf die VIKING. Sie ist das einzige Schiff, das noch regelmäßig auf der Flensburger Förde zwischen Glücksburg und Flensburg verkehrt. Früher legten die Butterschiffe täglich ab. Die schöne Landschaft lag früher gar nicht so sehr im Interesse der Fahrgäste, sie nutzten die Fahrten für zollfreien Einkauf. Hauptsächlich wurden an Bord Spirituosen und Zigaretten gekauft, seit 1999 ist das Geschichte.

Routiniert wird das Schiff durch weibliche Hand am Steg festgemacht.

Bei schönem Wetter wird das Innendeck wenig benutzt. Der Weg auf die Brücke führt hindurch.

Die VIKING legt pünktlich um 10.30 Uhr ab und wir werden herzlich an Bord begrüßt. Auf dieser Tour sind die Blicke zum Ufer das Highlight, weniger das Schiff. Die sanften Hügel rechts gehören zu Dänemark, links liegt Deutschland.

Gleich nach dem Ablegen passieren wir den Yachthafen in Sandwik, Heimat des Flensburger Segelclubs. Zahlreiche Yachten schaukeln an den Stegen in der Sonne. Am linken Ufer erscheint das große Gelände der Kaserne Meierwik, fertiggestellt 1939. Es folgt die Solitüde, ein beliebter Strand. Mehrere Ruderboote kommen in unsere Nähe. Die große Deutschland-Fahne am Heck verrät, dass es sich hier nicht um Freizeitsportler handelt, sondern um

Das Fahrgastschiff VIKING ex WAPPEN VON BOIZENBURG

Baujahr: 1999
Bauwerft: Feltz-Werft, Hamburg-Finkenwerder
Länge: 28,17 m
Breite: 6,05 m
Tiefgang: 1,22 m
Hauptmaschine: MAN S2876 LE403, 12,8 l
Leistung: 450 PS
Reisegeschwindigkeit: 9 kn
Fahrgäste: max. 250 Personen
MMSI: 211178260
Rufzeichen: DC4510
ENI 05116850

Ruderboote der Marine vor dem Solitüder Strandpavillon.

Offiziersanwärter der Marineschule Mürwik üben in ihrem Marinekutter.

Männer der Marine. Am linken Ufer liegt die traditionsreiche Marineschule Mürwik. Seit 1910 wird dort der deutsche Offiziersnachwuchs ausgebildet.

Mit neun Knoten fahren wir weiter in Richtung Flensburg. Die Flensburger Schiffbau-Gesellschaft (FSG) kommt in Sicht, am Kai liegt die TENNOR OCEAN. Der Neubau 782 ist eine 210 Meter lange und 26 Meter breite Ro-Ro-Fähre mit mehr als 4000 Spurmetern, verteilt über vier Decks. Fast 300 Lkw-Anhänger fasst die Fähre, wenn sie fertiggestellt ist. Es geht Schlag auf Schlag, unser Blick geht nach Backbord: Die Anlagen des Flensburger Hafens erstrecken sich sowohl am West- als auch am

Das Gelände der Flensburger Schiffbau-Gesellschaft.

Panoramablick über Flensburg. Links die Anlagen des Flensburger Hafens. In einem Bereich des Hafens entstehen neue Häuser (rechts).

Ostufer der Förde. Kohle sowie Futter- und Düngemittel bilden den Großteil der angelandeten Güter. Ab und zu legt sogar einmal ein Kreuzfahrtschiff am Harniskai am östlichen Ufer an. Aber die Umschlagszahlen des Hafens sinken kontinuierlich. Teile des Hafens werden bereits durch Wohnbebauung in ein lebendiges Stadt-

Die SANSSOUCI STAR wartet auf einen Käufer.

Der Museumshafen vor dem Flensburger Schifffahrtsmuseum.

Der Heringslogger RYVAR wurde 1916 in Holland gebaut. Die meiste Zeit diente er als Frachtschiff.

Das wohl bekannteste Flensburger Schiff, die ALEXANDRA, ein Wahrzeichen der Stadt.

viertel umgestaltet. Am Flensburger Westufer liegt die Yacht SANSSOUCI STAR. 1982 wurde sie bei der Husumer Schiffswerft gebaut. Wenn damals schon der Begriff „Megayacht" existiert hätte, sie wäre eine solche gewesen. 40 Jahre später verstehen wir unter dem Begriff ganz andere Kaliber. An die klassisch-schöne Silhouette der SANSSOUCI STAR kommen die neuen Yachten aber nicht heran. Seit Jahren wird das Schiff zur Charter angeboten, das nötige Kleingeld sollte man dafür allerdings vorhalten. 270 Liter Diesel pro Stunde zuzüglich Schiff und Mannschaft wollen bezahlt werden. Das Geschäft scheint zu stocken: Diverse Seiten im Internet bieten die 53,5 Meter lange Yacht für 2.250.000 Euro zum Kauf an.

Hinweistafeln halten Informationen zu jedem einzelnen Boot und Schiff bereit.

Ehemaliger Schlepper FLENSBURG der FSG.

Wenige Meter weiter entdecken wir das Flensburger Schifffahrtsmuseum mit seinem Museumshafen. Es ist verblüffend, wieviele Boote und Schiffe verschiedenster Art hier festgemacht sind. Wir sind am Ziel und legen direkt neben der ALEXANDRA an. Der 1908 in Hamburg gebaute Salondampfer ist der letzte erhaltene Fördedampfer. Seit 1991 fährt er wieder als Denkmal unter Dampf (→ OCEANUM 02, Seite 268ff).

Es sind nur ein paar Schritte bis zum nächsten Schiffs-Oldtimer. Die SØNDERBORG, 1959 gebaut, ist ein ehemaliges Butterschiff und kehrte erst 2021 an die Förde zurück (→ Infokasten). Aber das ist erst der Anfang. So viel maritime Vielfalt wird einem selten geboten, der Aufenthalt in Flensburg vergeht wie im Fluge. Wir beschränken uns heute auf die Besichtigung der alten Schiffe im Museumshafen. Danach bleibt noch Zeit für das leckerste Fischbrötchen der Stadt, bevor wir mit der VIKING die Rückfahrt antreten. Der Himmel verheißt nichts Gutes und wir nehmen lieber unten im Trockenen Platz. Schwarze Wolken verdecken die Sonne, aber es bleibt trocken. Auf dem Rückweg machen wir noch einen Schwenk zu den dänischen Ochseninseln vor Sønderhav. Eine Sage erzählt, sie seien aus abfallenden Lehmklumpen eines Riesen entstanden. Keine Legende ist, dass auf der großen Ochseninsel Bootsbau stattfand. Über mehrere Generationen baute die Familie Issack Boote, u.a. Klinkerjollen für den Fischfang, Grönlandkutter, nordische Folke- und Juniorboote sowie kleinere Segel- und Motoryachten. 1982 wurden die Inseln verkauft, heute gehören sie dem dänischen Staat. Viel zu schnell erreichen wir wieder Glücksburg am deutschen Ufer. Und den Einkauf von zollfreien Waren, der die Menschenmassen früher auf die Schiffe trieb, haben wir überhaupt nicht vermisst.

Die große Ochseninsel

Die SØNDERBORG

Der Schiffsname verrät das Ziel: Die SØNDERBORG wurde für die Strecke von Flensburg nach Sønderborg (Dänemark) in Betrieb gestellt. Gebaut wurde sie 1959 als Baunummer 500 auf der Peters Werft in Wewelsfleth an der Elbe, zunächst ohne aufgesetztes Brückenhaus. Die Butterfahrten auf der Förde waren beliebte Einkaufstouren. Schon 1961 wurde das Schiff in die Niederlande verkauft und fuhr als FAIR LADY auf dem Ijsselmeer. 1974 ging es nach Laboe, wurde umgebaut und fuhr als LAMARA auf der Kieler Förde. 1990 wurde der Greifswalder Bodden seine Heimat und 2003 erwarb es Kapitän Heinrich Olbert und setzte es bis 2016 als LAMARA ab Baabe (Rügen) ein. Eine Leckage im Rumpf beendete die Zeit auf Rügen und das Schiff wurde nach Barth in die Werft verbracht und dort von den jetzigen Eigentümern entdeckt. Seit 2021 ist die SØNDERBORG wieder in Flensburg beheimatet und startet in der Saison zu Fördetouren. Man kann sie aber auch für Feiern aller Art chartern.

Von 2003 bis 2016 fuhr die SØNDERBORG als LAMARA ab Baabe/Rügen.

Die SØNDERBORG im Flensburger Hafen.

Die Marineschule Mürwik

Seit Anfang des 20. Jahrhunderts werden die deutschen Marineoffiziere an der Förde ausgebildet. Der Grundstein für das „Rote Schloss am Meer" wurde 2006 gelegt. Marinebaurat Adalbert Kelm plante das Gebäude in Anlehnung an die Marienburg südöstlich von Danzig. 1910 wurde es fertiggestellt und steht heute unter Denkmalschutz. Trotz historischer Mauern wird in der Marineschule Mürwik nach modernsten Erkenntnissen geschult. Es stehen umfangreiche Ausbildungsanlagen zur Verfügung.

Ein Dienstsegelboot der Marineschule Mürwik.

Ein eigener Bootshafen, ein Übungsmast sowie einer der neuesten Brückensimulatoren Europas und sogar ein Planetarium dienen der Ausbildung des Führungsnachwuchses der deutschen Seestreitkräfte. Das imposante Gebäude der Backsteingotik imponiert mit über 200 Metern Wasserfront und einem 60 Meter hohen Turm. Der Turm wurde wegen Baufälligkeit abgerissen und im Rahmen der Sanierung des Gebäudes neu aufgebaut.

Auch das Segelschulschiff GORCH FOCK mit Heimathafen Kiel zählt zu den Ausbildungseinrichtungen der Marineschule. Die heute genutzte GORCH FOCK II wurde 1958 in Dienst gestellt. 2015 bis 2021 fand eine Grundinstandsetzung statt, für die zunächst 10 Millionen Euro veranschlagt wurden. 135 Millionen wurden es am Ende und damit kostete die Reparatur ein Vielfaches der ursprünglichen 8,5 Millionen DM Baukosten im Jahr 1958.

Das alte Gebäude der Marineschule Mürwik thront imposant über der Förde. Im Vordergrund der Bootshafen.

Das Flensburger Schifffahrtsmuseum

Die Flensburger Seefahrtstradition und das maritime Erbe der Stadt werden im Schifffahrtsmuseum lebendig gezeigt. Die Bedeutung von Kaufleuten und Reedern wird den Besuchern in verschiedenen Dauerausstellungen nahegebracht. Stationen zum Ausprobieren, Anfassen, Mitmachen laden zu einer Entdeckungsreise ein.

Dem berühmten Flensburger Rum ist eine eigene Ausstellung im Keller gewidmet. Ein ganzer Raum zeigt die Geschichte von Tauwerk und Takelage, ein wichtiger Teil aus dem Bereich der Segelschifffahrt.

Das Flensburger Schifffahrtsmuseum befindet sich seit 1984 im ehemaligen, 1842/43 errichteten Zollpackhaus, das noch bis 1972 als Zolllager diente. Ein neu gebautes Gebäude im Hof ergänzt die Ausstellungsfläche.

Vitrine mit Segelschiffsmodellen. (Hajotthu)

Zweizylinder-Schiffsdampfmaschine, um 1870. (Hajotthu)

Das Flensburger Schifffahrtsmuseum.

Unterwegs zwischen New York, Triest und Bergen

Mit Linern und Fähren auf Atlantik, Mittelmeer und der Nordsee von 1960 bis 2000

▷ Franz-Peter Kothes

Am Anfang standen kurze Fährfahrten als Schüler nach Borkum und über den Englischen Kanal. Doch dabei blieb es in den folgenden vier Jahrzehnten bei weitem nicht. Unser Autor reiste von New York nach Rotterdam, von Triest nach Lissabon, er fuhr mit der CRISTOFORO COLOMBO und der QUEEN ELIZABETH 2, einem Hovercraft und zahlreichen Fähren von der WINSTON CHURCHILL über die VENUS und die DEUTSCHLAND bis zur PRINCE OF SCANDINAVIA.

Ein Foto aus Kindertagen dokumentiert mein erstes Fährerlebnis: Eingehüllt in einen gestreiften Bademantel plus Pudelmütze – es ging ja über die raue Nordsee – stehe ich Mitte der 1950er-Jahre an Deck des schon damals nostalgisch anmutenden Dampfers RHEINLAND der AG „Ems" auf der Fahrt von Emden in unsere traditionellen Sommerferien auf Borkum.

Die erste größere Fährpassage erlebte ich als Schüler 1963 von Hoek van Holland nach Harwich. Auf der Fahrt zur Feriensprachschule im südenglischen Brighton nutzte ich als junger Reisender die Nachtfähre AVALON der Sealink-Flotte von British Rail. Die AVALON (6719 BRT) war 1963 als eine der letzten klassischen Passagierfähren zur Verbindung zweier Eisenbahnlinien im Zwei-Klassen-Layout (Erste Klasse: 331, Zweite Klasse: 287 Passagiere) in Dienst gestellt worden. Die Zweier-Innenkabine mit Waschbecken war zwar spartanisch, dafür wurde ich aber um sechs Uhr früh von der englischen Stewardess mit einer „Early Cup of Tea" geweckt.

Auch wenn die Nachtüberfahrten nichts von der Nordsee hatten sehen lassen, so übten Meer und (Passagier-)Schiffe auf mich eine zunehmende Faszination aus. Diese wurde unauslöschlich, als ich im Sommer 1965 als Abiturient mit meiner Mutter die Heimreise vom Verwandtenbesuch in den USA per Schiff antreten durfte. Hin nahmen wir den PanAm-Jet, damals noch sehr teuer bei einem Dollarkurs von 4,20 DM. In New York gingen wir an Bord der gänzlich unglamourösen, dafür gemütlich-soliden STATENDAM (IV) der Holland-Amerika Line. Dieser vielleicht schönste Nachkriegsbau

Die CRISTOFORO COLOMBO 1972 am Kai von Venedig. (Franz-Peter Kothes)

der HAL (24.294 BRT), 1957 gebaut bei Wilton-Fijenoord in Schiedam, verfügte über eine aufgewertete Touristenklasse mit geräumigen Kabinen mit Dusche und WC für 867 Passagiere bei nur 84 First Class-Passagieren. Mit der mittäglichen Ausfahrt über den Hudson begann für mich die aufregende erste Transatlantikfahrt über Southampton und Le Havre nach Rotterdam. Unvergesslich sind mir die Zeit im fest gebuchten Deckstuhl auf dem Achterdeck mit Blick über das sommerlich ruhige Meer und die Disco in der Cafeteria auf dem Pooldeck.

Während meiner Studienjahre in Wien bewunderte ich im Büro der „Italia Navigazione" die Broschüren dieser staatlichen Reederei mit ihren Fernweh-Zielen in Nord- und Südamerika. Aber erst nach dem Start in mein Berufsleben ohne jeden maritimen Bezug hatte ich endlich die Zeit und die Mittel, eine Mini-Kreuzfahrt im Mittelmeer auf einem der letzten echten Ocean Liner zu buchen, der CRISTOFORO COLOMBO von 1954. Gerade noch rechtzeitig, bevor auch die Italia Line infolge Ölkrise und zunehmender Konkurrenz durch den Luftverkehr schließlich Ende der 1970er-Jahre ihre Liniendienste für immer einstellen musste. So ging ich in Triest an einem heißen Julitag des Jahres 1973 geradezu ehrfürchtig an Bord der strahlend weißen CRISTOFORO COLOMBO, dem Schwesterschiff der legendären, 1956 untergegange-

Die CRISTOFORO COLOMBO 1972 im Schlepp in der Lagune von Venedig. (Franz-Peter Kothes)

nen ANDREA DORIA von 1953. Der elegante 30.000-Tonner aus dem Jahr 1954 war erst in jenem Jahr von seiner traditionellen Route Genua/Triest-New York abgezogen worden und ersetzte nun die überraschend außer Dienst gestellte ältere GIULIO CESARE von 1951 auf der La Plata-Route über Rio de Janeiro und Santos nach Buenos Aires. Um 10 Uhr morgens legte der stolze Liner von der Mole gegenüber dem früheren Verwaltungspalast des Österreichischen Lloyd am Hauptplatz von Triest ab, das aus innenpolitischen und nicht wirtschaftlichen Gründen als Ausgangspunkt der Südamerika-Linie beibehalten worden war.

Ich hatte für die kommenden sechs Nächte bis zum letzten europäischen Hafen in Lissabon eine halbe Zweierkabine in der Touristenklasse für schon damals sehr günstige 450 DM gebucht. Und da in Triest nur wenige Passagiere eingecheckt hatten, war ich für die nächsten Tage allein in meiner einfachen, jedoch schon klimatisierten Außenkabine mit Doppelstockbetten, Dusche und WC auf dem A-Deck.

Ursprünglich als Drei-Klassen-Schiff konfiguriert (Erste Klasse 300) hatte die Reederei erst 1973 die Kabinenklasse (299) mit der Touristenklasse (640) für nunmehr über 900 Passagiere zusammengelegt. So durfte ich vom kantinenartigen Dritte-Klasse-Speisesaal mit seinen langen Tischen in den mit bunten Stühlen und kleineren Tischen aufgehübschten Speisesaal der früheren Kabinenklasse wechseln. Dort erwartete die gemischte Schar von Passagieren mit Studenten und Touristen von und nach Südamerika sowie heimkehrenden ehemaligen Auswanderern typisch italienische Kost mit viel Pasta und handfesten Fleisch- und Fischspeisen. Bunte Plastiküberzüge dominierten die im typischen Sixties Stil eingerichteten Salons und Bars.

Da die Decks nicht streng nach Klassen getrennt waren, konnte ich das für das Wetter auf dem Nordatlantik bestimmte fensterumschlossene Promenadendeck ebenso genießen wie das weite offene Bootsdeck, auf dem reiche Südamerikaner ihre in Europa neu erstandenen Limousinen heimwärts transportieren ließen. Und am Heck des Bootsdecks lockte die Verandabar am offenen Pool zu manchem Espresso.

Nach einer sternenfunkelnden Sommernacht auf der Adria begann in Palermo der Reigen der Zwischenstopps in Italien und Spanien: Neapel, Genua, Cannes und schließlich Barcelona. Überall bot sich während der bis zu achtstündigen Liegezeiten die Gelegenheit zu einer kurzen Stadtbesichtigung. Nach der Tagespassage durch die Straße von Gibraltar hieß es dann am Morgen des siebten Tages im Hafen von Lissabon Abschied nehmen von dieser wirklichen „weißen Lady" der sogenannten Lido Flotte. Als ich vor der langen Rückreise per Bahn am Abend die CRISTOFORO COLOMBO majestätisch unter der Tejo-Hängebrücke Richtung Lateinamerika davon ziehen sah, wünschte ich, auch bald einmal diese exotischen Häfen per Schiff besuchen zu können. Erst 30 Jahre später wurde dieser Traum dann Wirklichkeit: an Bord der unvergessenen QE2 auf einer vierwöchigen Rundreise von Southampton bis zu den Falklandinseln über Madeira, Teneriffa, Salvador, Rio und Montevideo mit Ausflug nach Buenos Aires.

Zuvor versuchte ich es 1975 erneut mit einer Minikreuzfahrt im Mittelmeer, wieder mit der Italia Line. Wie sich bald herausstellen sollte, war es fast die letzte Chance, an Bord der 13.266 Tonnen großen DONIZETTI von 1951 zu gehen, die mit ihren Schwesterschiffen VERDI und ROSSINI als „Musicisti"-Klasse ursprünglich als AUSTRALIA für die Reederei Lloyd Triestino den Südamerika-Westküstendienst bis Valparaiso in Chile bedient hatte. Meine Reise begann in Genua und führte über Neapel, Cannes und Barcelona zur letzten europäischen Station nach Madeira auf Funchal. Obwohl die DONIZETTI (Erste Klasse 103, Touristenklasse 446 Passagiere) eher einem wohlproportionierten Kombifrachter glich und nicht an die Grandezza ihrer großen Liner-Kolleginnen heranreichte, vermittelte sie dennoch das Flair eines „Tropen"-Schiffes, was die einfache Kojen-Kabine, die italienische Hausmannskost und das „Kino" im ehemaligen Frachtraum mehr als aufwog. Leider wurde auch diese Route der Italia Line bereits 1976 aufgrund der rückläufigen Passagierzahlen eingestellt. Eine Ära war zu Ende.

Kurz-Kreuzfahrten auf großen Linienschiffen wurden Ende der 1970er-Jahre kaum noch möglich, einmal abgesehen von einer acht-

Die DONIZETTI 1975 auslaufend aus dem Hafen von Funchal/Madeira. (Franz-Peter Kothes)

Die DONIZETTI 1975 vor ihrer Abfahrt in Genua. (Franz-Peter Kothes)

Die DFDS-Fähre HAMBURG auf der Elbe. (Archiv OCEANUM/Gerd Klokow)

stündigen „Schnupperfahrt", die ich 1978 von Southampton nach Cherbourg auf der QUEEN ELIZABETH 2 von 1969 unternehmen konnte. Da mein Budget für exotische Fernziele nicht ausreichte, suchte ich vor allem auf der nahen Nordsee nach möglichst abwechslungsreichen Fährschiff-Routen. So verband ich London-Besuche mit Kanal-Passagen wie der von Zeebrügge nach Felixstowe auf der P&O EUROPEAN Ferries-LKW-Fähre PRIDE OF FLANDERS oder mit einem Seekrankheit hervorrufenden Tragflügelboot von Oostende nach Ramsgate.

Etwas länger dauerte im Juli 1987 meine Überfahrt von Hamburg nach Harwich mit der von DFDS auf dieser Linie neu eingesetzten HAMBURG (ex Jahre Lines KRONPRINS HARALD, 12.752 BRT, 1073 Passagiere, 404 Pkw) mit „Bootszug"-Anschluss nach London. Von dort ging es zurück zum Kontinent per Tagesfahrt an Bord der hochaufragenden, kastenförmigen OLAU BRITANNIA (I) von 1981/82 von Sheerness nach Vlissingen.

Zu veritablen Rundreisen mit verbindenden Zugfahrten gestalteten sich in den 1980er-und 1990er-Jahren meine Fahrten über Nordengland nach Norwegen. So nahm ich im August 1992 wieder den Zug vom heimatnahen holländischen Venlo nach Vlissingen in Zeeland. In 9½ Stunden brachte mich eine der ersten Jumbo-Fähren, die zweite OLAU HOLLANDIA (1989–1994), über Nacht nach Sheerness in der Themsemündung. Per Bus und Zug via London erreichte ich nachmittags Newcastle Central, von wo mich ein Shuttle-Bus zum Fährhafen in North Shields am Tyne brachte. Alles rechtzeitig, um am Abend mit der VENUS (ex PRINSESSAN BRIGITTA, 1974/1990, 13.000 BRT) der norwegischen Color Line auf die fast 24-Stunden-Fahrt nach Bergen zu gehen. Das relativ kleine, funktional ausgestattete Schiff bot mir am nächsten Tag bei strahlendem Sonnenschein echtes Kreuzfahrtfeeling auf seiner Fahrt entlang der Fjordküste von Stavanger via Haugesund nach Bergen. Da wir dort gegen 21 Uhr einliefen, konnte ich die folgende Nacht noch angenehm auf dem Schiff verbringen, bevor ich früh am nächsten Tag die landschaftlich aussichtsreiche Bergen-Bahn nach Oslo nahm, um von dort per Lufthansa-Nonstopflug nach Düsseldorf zurückzukehren. Eine Kurzkreuzfahrt von vier Tagen, so abwechslungsreich wie entspannend!

Diesem positiven Reiseerlebnis wollte ich wohl sehr bald ein neues folgen lassen, diesmal etwas abseits der üblichen Routen. Wenigstens galt dies für die Hinfahrt nach Nordengland. Denn ich hatte auf dem Linienplan der dänischen DFDS die Elbe-Humber-RoRo-Linie von Cuxhaven nach Immingham gegenüber Hull entdeckt. Auf Anfrage teilte man mir mit, ich könne auch als Fußpassagier buchen: 265 DM für die Einzelbelegung einer Zweierkab ne samt Verpflegung, Zahlung beim Kapitän auf dem Schiff!

Gesagt, getan: An einem Sonntag im August 1993 ging ich an Bord der DANA CORONA von DFDS, die um 22 Uhr von ihrem Terminal zwischen Kugelbake und Alter Liebe ablegte. Fast einen Tag dauerte die Fahrt über die graue Nordsee, die ich mir mit Decksumrundungen und häufigen Besuchen der kleinen Kantine für die maximal zwölf Passagiere bestens vertrieb. Da wir erst gegen 21 Uhr am folgenden Abend den großen Containerhafen in Immingham erreichten – weit entfernt von der kleinen Stadt – konnte ich kostenlos eine weitere Nacht an Bord bleiben. Ein Taxi brachte mich am anderen Morgen zum nächsten Bahnhof nach Grimsby, von wo ich via Sheffield nach Liverpool fuhr. Nachdem ich dort weniger die Beatles-Gedenkorte als vielmehr die Museen am ehemaligen Albert-Dock und die prächtigen Zeugen der maritimen Vergangenheit wie das Cunard-Gebäude besucht hatte, ging es auf der Rückfahrt zunächst wieder nach Newcastle. In North Shields konnte ich mich endlich auf

Die VENUS der Color Line von 1992 wurde 1994 von DFDS als KING OF SCANDINAVIA übernommen. (Archiv OCEANUM/ Heino Sumfleth)

1993 fährt die DFDS-Fähre WINSTON CHURCHILL auf der Elbe. (Archiv OCEANUM/Heino Sumfleth)

einem Schiff einchecken, das mich schon lange interessiert hatte, weil es für mich mehr als eine Fähre war, vielmehr ein Beispiel für ein besonders wohlproportioniertes, kleineres Schiff mit ganz eigener Persönlichkeit: auf der WINSTON CHURCHILL (1967, 8656 BRT, 750 Passagiere, 120 Pkw) von DFDS, die um 13 Uhr vom Tyne-Quai zur 24stündigen Nordsee-Überquerung ablegte. Erst im April 1993 hatte DFDS die neue Direktverbindung von und nach Hamburg eröffnet.

Von meiner Einzel-Außenkabine (für teure 486 DM ohne Verpflegung!) auf dem offenen A-Deck konnte ich bis zum Einlaufen in Hamburg zur Mittagszeit des nächsten Tages ausgiebig den typisch skandinavischen Charme der Sixties im Inneren des Schiffes erkunden, dessen äußere Eleganz aber sicher der italienischen Bauwerft zu verdanken war.

Da bekanntlich aller guten Dinge drei sind, suchte ich im Juni 1996 nochmals mein englisch-skandinavisches „Rundreise"-Glück per Schiff, fand es allerdings nicht ganz. Wieder verlief die Route im Uhrzeigersinn über England nach Norwegen und zurück nach Deutschland. Da ich im Winter 1985 bereits die Verbindung Kiel-Oslo und retour auf Jahre Lines PRINSESSE RAGNHILD (1981, 16.332 BRT, gebaut bei HDW) kennengelernt hatte, sollte es diesmal über Kopenhagen und Vogelfluglinie gen Hamburg gehen.

Auf dem ersten Teilstück von Hamburg nach Newcastle traf ich eine gute alte Bekannte unter neuem Namen wieder: Nach einem Schiffstausch mit DFDS fuhr Color Lines VENUS ab 1994 nun unter dem Logo Scandinavian Seaways als KING OF SCANDINAVIA – noch später dann auf der Route von Amsterdam nach Newcastle.

Die Außenkabine zur Alleinnutzung kostete mich stolze 420 DM, dafür war das Schiff immer noch sehr angenehm übersichtlich und gemütlich. Nach mittäglicher Ankunft am Tynekai blieb genug Zeit für das anschließende Einchecken für die Nachtfahrt nach Bergen, wieder auf einer Fähre der Color Line, diesmal auf der COLOR VIKING (12.348 BRT, 1200 Passagiere). Das 1975 in Frankreich für die Silja Line als WELLAMO gebaute und 1981 von DFDS als DANA GLORIA übernommene Schiff ging 1994 mit dem neuen Namen an die Color Line.

Kaum hatte das Schiff mit seinen charakteristischen Doppelschornsteinen am Heck die nächtliche Nordsee erreicht, frischte der Wind auf Stärke 6 und mehr auf. Und wie befürchtet, zwangen mich Rollen und Stampfen während der qualvollen Nacht in die Horizontale zwischen Bett und WC! Als am anderen Tag endlich die Zwischenstation Stavanger erreicht war, wollte ich nur noch festen Boden unter den Füßen spüren – und ging vorzeitig von Bord!

Es verblieb genügend Zeit, um wieder standfest das historische Zentrum der südnorwegischen Hafenstadt zu erkunden, bevor ich am Abend den Liegewagen im Nachtzug nach Oslo bestieg. Denn dort erreichte ich am nächsten Tag wie geplant die moderne, aber unattraktiv boxförmige Nachtfähre CROWN OF SCANDINAVIA (1994, 35.498 BRZ, 450 Pkw, 2136 Personen) von Scandinavian Seaways (DFDS). Sozusagen aus der Konkursmasse der schwedischen Reederei Euroways hatte DFDS 1994 diese in Kroatien fast fertiggestellte „Cruise Ferry" erworben und auf der Prestigeroute von Oslo nach Kopenhagen in Dienst gestellt. Das Interieur zeigte das für die Baltikum-Fähren damals typische Design zwischen Messing-Glitzer und skandinavischer Sachlichkeit.

Nach einer ruhigen Nacht erreichte ich früh am nächsten Tag Kopenhagen, zum Zugtransit nach Hamburg via Vogelfluglinie an Bord der funktional-nüchternen Auto- und Eisenbahnfähre DEUTSCHLAND (6119 BRT, 358 Pkw, 1500 Tagespassagiere) von 1972 der Deutschen Bundesbahn auf der kurzen Strecke von Rødby nach Puttgarden.

Bis heute, da nicht nur coronabedingt immer mehr Fährlinien auf den europäischen Meeren ausgedünnt oder ganz eingestellt werden, zählen für mich die beiden Schwesterschiffe der ehemaligen schwedischen TOR-Line TOR BRITANNIA und TOR SCANDINAVIA zu den schönsten

Das Fährschiff DEUTSCHLAND von 1972 verkehrte auf der Vogelfluglinie zwischen Puttgarden und Rødby. (Mariolu)

Die PRINCE OF SCANDINAVIA im Jahr 1997. (Archiv OCEANUM/Heino Sumfleth)

Fähren überhaupt. 1975 und 1976 mit je 15.673 BRT auf der Lübecker Flenderwerft gebaut, waren die 26 Knoten schnellen Schiffe für die Verbindungen von Göteborg nach Amsterdam und Felixstowe in Norfolk vorgesehen.

Im Zuge der Nachwirkungen des ersten Ölpreisschocks und wegen Schwierigkeiten der TOR-Muttergesellschaft kaufte DFDS 1981 die Reederei samt ihrer Schiffe. 1990/91 bei Blohm & Voss in Hamburg grundlegend überholt, bedienten die Schwestern als PRINCE OF SCANDINAVIA und PRINCESS OF SCANDINAVIA die Linien von Harwich nach Hamburg und Esbjerg. Das harmonische Design der 183 Meter langen Schiffe wirkte trotz des hohen Schornsteins durch das terrassenförmig gestufte Heck besonders elegant.

Ende August 2000 hatte ich endlich Gelegenheit, mit einem dieser schönen Schiffe zu reisen, wenn auch nur für eine Nachtüberfahrt von Harwich nach Hamburg. Dafür sollte es auch einmal die „Commodore Class" sein: mit Frühstück und Minibar für 462 DM auf der PRINCE OF SCANDINAVIA (1268 Passagiere, 420 Pkw), die diese Route im April 2000 übernommen hatte. Noch heute sind die schönen, leider nun bunt bemalten ex-TOR-Schwestern bei den italienischen Moby Lines im Sardinien-Verkehr zu erleben.

NAJADE

Nur eine hat überlebt

NYMPHE und NAJADE: Zwei „Schwestern" aus Stettin

▷ Henry Albrecht

Bald feiert eine der Schwestern ihren 100. Geburtstag. Ein Grund mehr, über das Schicksal und die lange Geschichte der beiden Seebäderschiffe zu erzählen. Unser Autor Henry Albrecht öffnet dafür sein Archiv und reiste mehrmals nach Portugal, um das verbliebene Schiff zu besuchen.

Begegnung NAJADE und NYMPHE im Stettiner Haff. Gemälde Henry Albrecht.

Der Stettiner Reeder Emil R. Retzlaff war ein umtriebiger und erfolgreicher Geschäftsmann. Neben der 1898 gegründeten Reederei und Schleppschifffahrt war er auch als Makler und Befrachter tätig und gründete 1914 dazu noch die Ostseewerft in Stettin-Frauendorf.

Zu dem oderabwärts gelegenen, beliebten Stettiner Ausflugsziel Gotzlow unterhielt er mit den beiden kleinen Passagierdampfern HANS und HANNI einen gut florierenden stündlichen Liniendienst. Als sich die wirtschaftliche Situation nach dem Ersten Weltkrieg in den 1920er-Jahren wieder besserte, ließ Retzlaff auf der hauseigenen Ostseewerft in Frauendorf zwei Passagiermotorschiffe für die neu gegründete Haffbäderlinie bauen. Nachdem die Frachtdampfer seiner Reederei vorwiegend Namen aus der nordischen Sagenwelt trugen, machte er diesmal eine Anleihe in der griechischen Mythologie und nannte die Neubauten NYMPHE und NAJADE. Die beiden baugleichen, 115 BRT großen Schiffe wurden 1925 in Dienst gestellt und liefen die von Stettin oderabwärts gelegenen Haffbäder Ziegenort, Neuwarp und Altwarp am Stettiner Haff sowie Swinemünde an. Die Abfahrt erfolgte täglich 14.15 Uhr von der Baumbrücke am Dampferbollwerk in Stettin. Neben dem Liniendienst konnten die Schiffe auch für spezielle Anlässe und Feiern gemietet werden und erschienen so mitunter in verschiedenen Häfen im Nahbereich der Ostseeküste.

Im Zuge der Weltwirtschaftskrise 1929 geriet auch die Reederei Retzlaff in Schwierigkeiten und 1931 schließlich samt der Werft

Die NYMPHE nach der Indienststellung. (Max Dreblow, Slg. Henry Albrecht)

Die NAJADE auf der Oder ... (Max Dreblow, Slg. Henry Albrecht)

... und mit der Schornsteinmarke der Maris-Reederei. (Slg. Henry Albrecht)

in Konkurs. Nun trennten sich die Wege der beiden „Schwestern" NYMPHE und NAJADE. Während die NYMPHE nach Portugal verkauft wurde, verblieb NAJADE in Stettin und wurde 1932 von der Maris-Schiffahrts GmbH – einer Gründung von Retzlaffs Schwiegersohn Harald Pieper – übernommen.

Der weitere Weg der NAJADE

Unter der neuen blauen Schornsteinmarke mit dem weißen M fuhr die NAJADE bis zum Beginn des Zweiten Weltkrieges weiterhin auf der Haffbäderlinie. 1940 wurde sie zur Kriegsmarine eingezogen und als Taucherschulboot genutzt. Bei Kriegsende lag sie fahrbereit in Lübeck und wurde von den Alliierten als TMMC X-Schiff 2026 erfasst. Von 1945 bis 1960 fuhr die NAJADE wieder für die Maris Reederei, die kriegsbedingt nach Lübeck übergesiedelt war. Die Hamburg-Blankenese-Este-Linie hatte das Schiff in diesem Zeitraum schon mehrfach gechartert und 1960 erfolgte der Verkauf an die Elbe. Unter dem Namen RICHARD STRAUSS machte sie nun Fahrten im Hamburger Hafengebiet und auf der Unterelbe.

Die NAJADE auf der Unterelbe mit TMMC-Nr. 2026 ... (Slg. Henry Albrecht)

... und nach dem Umbau im Jahr 1955. (Slg. Henry Albrecht)

RICHARD STRAUSS ex NAJADE im Hamburger Hafen. (Slg. Henry Albrecht)

RIO TEJO II ex NYMPHE bei der Ankunft in Lissabon. (Slg. Henry Albrecht)

Ein erhöhter Aufbau der Kommandobrücke sowie ein neuer Schornstein veränderten das Erscheinungsbild des Schiffes, ein neuer Dieselmotor von 320 PSe erhöhte die Geschwindigkeit auf 11,5 Knoten. Ohne Namensänderung erfolgte 1963 die Übernahme durch die HADAG. Bis 1972 blieb die RICHARD STRAUSS in Dienst und wurde im Oktober des Jahres bei Eisen & Metall in Hamburg abgewrackt. Mit 47 Dienstjahren hatte die ehemalige NAJADE damit schon ein beachtliches Alter erreicht, das aber von ihrer „Schwester" NYMPHE" bei weitem übertroffen wird, denn sie existiert heute noch.

Der weitere Weg der NYMPHE

Die NYMPHE wurde 1931 nach Portugal an die Reederei Parceria dos Vapores Lisboneses, Lissabon verkauft und in RIO TEJO II umbenannt. Dort erfolgte ihr Einsatz als Fähre auf dem Unterlauf des Tejo im Bereich des Großraums Lissabon. 1955 ging das Schiff in den Besitz der Societa Maritima de Transportes (TRANSTEJO) über und wurde in RIO TEJO SEGUNDO umbenannt. Ein zeitgleicher Umbau veränderte die Silhouette des Schiffes.

Der Schonstein wurde verkürzt, der achtere Mast entfernt und das Oberdeck im Bereich des Hecks erweitert. Die bisher dort platzierten Rettungsboote wurden durch Rettungsflöße ersetzt, die oberhalb der Kommandobrücke lagerten. Ein neuer Dieselmotor ersetzte den alten, noch von der Bauwerft 1925 installierten Antrieb. Die weitere aktive Dienstzeit verlief ohne besondere Ereignisse. Erwähnenswert war aber der Einsatz der RIO TEJO SEGUNDO als Begleitschiff beim Staatsbesuch von Queen

TEJO II (2. v. r.) bei der Begrüßung des portugiesischen Präsidenten Carmona 1939. (Slg. Henry Albrecht)

RIO TEJO SEGUNDO nach dem Umbau 1955. (Slg. Henry Albrecht)

RIO TEJO SEGUNDO vor Lissabon in den 1960er-Jahren. (Slg. Henry Albrecht)

Elizabeth II im Jahre 1957. Bis 1983 war das Schiff im Einsatz und wurde nach 52 Jahren Fahrzeit unter portugiesischer Flagge aufgelegt. Im gleichen Jahr erfolgte der Verkauf an O Cacilheiro – Restaurante Tipico Lda, die das Schiff für 2,2 Millionen PTE – umgerechnet etwa 22.000 DM – erwarben. 1994 wurde die RIO TEJO SEGUNDO (Reg. – Nr. LX-210-AL) zum Restaurantschiff umgebaut und erhielt einen Liegeplatz bei den Alcántara Docks in Lissabon. Dort verblieb sie bis 2004. Dann gab es einen Standortwechsel zur anderen Flussseite des Tejo, wo sie an der Uferpromenade des malerischen Städtchens Seixal vor Anker ging. Im März 2012 besuchte ich Seixal und entdeckte dort die ehemalige NYMPHE.

Eigner war mittlerweile ein im Raum Lissabon bekannter Koch, der auf dem Hauptdeck ein Restaurant betrieb und auf dem Oberdeck Kochkurse anbot. Bei einem Besuch an Bord kam ich mit ihm über die Historie seines Schiffs ins Gespräch und er lud zu einem Drink ein. Leider brach der Kontakt in der Folgezeit ab und beim nächsten Besuch in Seixal fand ich die RIO TEJO SEGUNDO nicht mehr an ihrem Liegeplatz. Glücklicherweise war sie aber nicht – wie zunächst befürchtet –

Restaurantschiff RIO TEJO SEGUNDO in Seixal im Jahr 2007. (Vitor Oliveira)

RIO TEJO SEGUNDO am Anleger in Seixal 2012. (Henry Albrecht)

Das Restaurant auf dem Oberdeck (2022). (Henry Albrecht)

Technische Daten

Bauwerft: Ostseewerft A.G., Stettin-Frauendorf
Baunummer: NYMPHE 10, NAJADE 11
Kapazität: 115 BRT
Länge: 31,40 m
Breite: 6,40 m
Tiefgang: 2,31 m
Leistung: 160 PSe
Passagiere: 580, Besatzung: 6
Reederei: Emil R. Retzlaff, Stettin

„in den Hochofen gewandert", sondern wurde nach einem erneuten Eignerwechsel 2016 in der nahegelegenen Werft in Seixal einer gründlichen Renovierung unterzogen. Seit 2018 liegt die RIO TEJO SEGUNDO in neuem Glanz und mit dem Namenszusatz „Lisboa Vista" wieder an der Uferpromenade in Seixal.

Bevor man die Gangway betritt, um sich auf beiden Decks kulinarisch verwöhnen zu lassen, kann man sich in einem kleinen Infocenter an Land Fotos zur Historie der ehemaligen NYMPHE ansehen. Neben den Speisen genießt man dann an Bord die herrliche Aussicht auf die Skyline von Lissabon – Lisboa Vista !

RIO TEJO SEGUNDO – LISBOA VISTA in Seixal (2022). (Henry Albrecht)

Der Untergang der TITANIC

Das fünfte Kapitel aus Arthur Rostrons Memoiren „Home from the Sea"

Arthur Rostron (1869–1940), britischer Kapitän, der mit seinem Dampfer CARPATHIA die ca. 700 Überlebenden der RMS TITANIC rettete. 1931 veröffentlichte er seine Memoiren unter dem Titel Home from the Sea; das Kapitel über den Untergang der TITANIC erscheint erstmals auf Deutsch in einer Übersetzung von Nadine Erler.

Der Untergang der TITANIC

Von den tausend Bildern aus der tragischen Nacht, in der die Titanic unterging, kommt mir als erstes das eines Mannes in den Sinn, der sich bückt, um seine Stiefel aufzuschnüren! Es war der Marconi-Funker an Bord der CARPATHIA. Wäre dieser Offizier nicht so eifrig bei der Arbeit gewesen und hätte pünktlich Feierabend gemacht, stünden viele der ungefähr siebenhundert Leben, die wir in jener Nacht retten konnten, auf der furchtbaren Liste der Todesopfer, die das Unglück als das schlimmste in der Geschichte der Seefahrt ausweist. In jenen Tagen war drahtlose Telegrafie auf See etwas ganz Neues. Wir waren stolz auf unsere Anlage, obwohl sie nur eine Reichweite von normalerweise 130 Meilen (und unter besonders günstigen Umständen etwas über 200 Meilen) hatte. Und wir hatten nur einen Funker. Dieser Mann hätte seinen Dienst um Mitternacht beenden sollen. Aber es war schon halb eins und er lauschte immer noch. Allerdings war er im Begriff, Feierabend zu machen. Er bückte sich gerade, um seine Stiefel aufzuschnüren, als der Notruf kam – aus Interesse hatte er die Kopfhörer noch aufbehalten. „SOS TITANIC. Sind mit Eisberg kollidiert und brauchen sofort Hilfe." Man kann sich vorstellen, wie er hochfuhr und das Entsetzen ihn überkam, auch wenn sich in diesen ersten Minuten keiner von uns das schreckliche Unglück ausmalen wollte, als das es sich erweisen würde.
Aber es war die TITANIC, ein Mammutschiff, stolz auf seine Größe und Kraft, mit über zweitausend Menschen an Bord und auf ihrer Jungfernfahrt von England nach Amerika! Das reichte, um dem Funker das Ausmaß der Gefahr klar zu machen, und er warf die Kopfhörer auf den Tisch und rannte zum Ersten Offizier, der Dienst hatte. Es ist ein dramatischer Gedanke, dass wir das Signal nicht gehört hätten, wenn es zwei oder drei Minuten später gekommen wäre!
Ich wurde sofort informiert. Seltsam, wie sich in kritischen Augenblicken unbedeutende Kleinigkeiten ins Gedächtnis einprägen. Ich erinnere mich, dass meine Tür aufging – die Tür neben dem Kopfende meiner Koje, gleich neben

dem Raum für Seekarten. Ich war gerade erst hereingekommen, schlief noch nicht ganz und murmelte benommen vor mich hin: „Wer zum Kuckuck ist dieser Frechdachs, der in meine Kabine kommt, ohne anzuklopfen?"
Dann sprudelte der Erste Offizier heraus, was passiert war, und Sie können sicher sein, dass ich sehr bald hellwach war und nur noch einen Gedanken hatte – alles zu tun, was in der Macht des Schiffes stand, um die erforderliche Hilfe zu leisten. Die Nachricht klang so unglaublich, dass ich, nachdem ich angeordnet hatte, den Kurs zu ändern – wir wollten von New York nach Gibraltar und zu anderen Häfen im Mittelmeer, während die TITANIC nach Westen fuhr, sechzig Meilen nördlich von uns –, den Marconi-Funker fragte und mich versicherte, dass kein Irrtum vorlag.
„Sind Sie sicher, dass es wirklich die TITANIC ist, die sofortige Hilfe braucht?" fragte ich ihn.
„Ja, Sir."
Aber ich musste noch einmal fragen. „Sie sind absolut sicher?" Bedenken Sie bitte, die drahtlose Kommunikation war damals noch nicht so zuverlässig wie heute.
„Ganz sicher", erwiderte er.
„Gut", sagte ich. „Sagen Sie ihm, dass wir kommen, so schnell wir können."
Ich ging in den Kartenraum, nachdem ich vom Funker die Position der TITANIC erfahren hatte: N 41°43', W 49°56'. Ich informierte mich sofort über den Kurs und gab Anweisungen. Nur ein paar Minuten nach dem Notruf fuhren wir mit Volldampf zur Rettung. Die CARPATHIA war ein Vierzehn-Knoten-Schiff, aber in dieser

Kapitän Arthur Rostron 1912 als Kapitän des Cunard-Liners CARPATHIA.

Nacht brachte sie es auf siebzehn Knoten. Natürlich weckte ich zuerst den Ersten Maschinisten, erklärte ihm die Dringlichkeit der Lage und beorderte einen Extrawachposten in den Maschinenraum. Wir holten alle Energie aus den Kesseln und jedes Tröpfchen Dampf wurde für die Maschinen verwendet und allen anderen Nutzungen entzogen, zum Beispiel dem Heizen.
Glücklicherweise war es Nacht – glücklicherweise deshalb, weil all unsere Passagiere in

Der Cunard-Liner CARPATHIA.

ihren Kabinen waren. Viele verschliefen das ganze Drama, denn eine meiner ersten Anordnungen war, dass nach Möglichkeit absolutes Stillschweigen gewahrt werden sollte. Wer Passagieren begegnete, sollte ihnen auftragen, in ihre Kabinen zu gehen und dort zu bleiben.

Es war viel zu tun. Das ganze Personal wurde zusammengerufen und dann begannen über drei Stunden rastloser Aktivität und endloser Angst. Denn auch wenn es ein Glück war, dass unsere Passagiere schliefen, machte die Dunkelheit das Risiko, das wir eingehen mussten, noch größer.

Eis! Wir rasten durch die Finsternis den Eisbergen entgegen, ohne zu wissen, welche Gefahr uns drohte, und standen auf der Brücke und hielten angespannt Ausschau. Ich war mir der Gefahr bewusst, in der mein eigenes Schiff und unsere Passagiere schwebten. Ich kann jetzt sagen, dass es in jenem Frühling unglaublich viel Eis gab. Auf der Route der TITANIC sieht man natürlich dann und wann Eis, aber in dieser Nacht war es so außergewöhnlich, dass es allen als einzigartig im Gedächtnis blieb. Der Grund dafür war, dass zwei Jahre zuvor der Sommer im hohen Norden ungewöhnlich warm gewesen war. Inseln aus Eis hatten sich von ihrem Pol gelöst und trieben südwärts. Es dauerte zwei Jahre, bis diese riesigen Überbleibsel soweit in den Süden gelangten, und als der Tag anbrach, waren wir entgeistert – Eisberge und -schollen, soweit das Auge reichte. In diese Gefahrenzone jagten wir die CARPATHIA und schauten uns die Augen nach dem Eisberg aus. Einmal sah ich ganz in der Nähe ein gewaltiges Exemplar, das bis in den Himmel reichte – ich sah es, weil das Licht eines Sterns auf ihn fiel – ein kleiner Funken der Warnung, durch den wir sicher vorbeifuhren. Wenn nur so ein freundlicher Stern für den Wachmann der TITANIC geblinkt hätte ... Ah, es sollte nicht sein. Bevor ich das Kommando auf der Brücke übernehmen konnte, waren jedoch noch tausend Dinge zu erledigen. Wir fingen sofort an. Ich stand schon im Kartenraum und war dabei, die Position zu bestimmen, als ich den Bootsmannsmaat sah, der das Deck säubern wollte. Ich rief ihn zu mir, sagte ihm, dass er seine Routine-Aufgaben für heute vergessen und alle unsere Rettungsboote bereit machen sollte. Er sah mich fragend an. „Ja, wirklich", versicherte ich ihm. „Wir müssen zu einem Schiff in Seenot."

Der erste Offizier, den ich zu mir rief, war der Maschinist. Es war höchste Eile geboten. Als er sich auf den Weg gemacht hatte – und sobald die Männer gehört hatten, dass sie gebraucht wurden und warum, gingen sie an die Arbeit, ohne sich die Zeit zum Anziehen zu nehmen, feine Kerle! – weckte ich den englischen Arzt, den Proviantmeister und den Chefsteward und erteilte ihnen folgende Anweisungen: Der englische Arzt blieb im Speisesaal der Ersten Klasse, der italienische Arzt im Speisesaal der Zweiten Klasse und der ungarische Arzt in dem der Dritten Klasse. Alle sollten Stärkungsmittel und alles andere Nötige bereit halten.

Der Proviantmeister, sein Assistent und der Chefsteward sollten die Geretteten an den Gangways in Empfang nehmen, sie unterbringen und sich um sie kümmern. Sie sollten möglichst die Namen der Überlebenden notieren, damit sie telegrafiert werden konnten. Der Inspektor, die Stewards vom Zwischendeck und Bootsmänner beaufsichtigten unsere eigenen Passagiere, damit sie nicht in den Speisesaal der Dritten Klasse und nicht an Deck gingen. Der Chefsteward sorgte dafür, dass Kaffee für unsere Männer und Suppe, Kaffee, Tee usw. für die Geretteten bereit standen. Decken lagen griffbereit in der Nähe der Gangways, in den Salons und Gemeinschaftsräumen. Alle freien Kojen auf dem Zwischendeck für die TITANIC-Passagiere der Dritten Klasse herrichten. Unsere eigenen Leute auf dem Zwischendeck sollten zusammen bleiben.

Allen wurde eingeschärft, dass strikte Disziplin und eisernes Schweigen gewahrt werden mussten. Ein Steward wurde an jeder Gangway postiert, falls unsere eigenen Passagiere etwas hören und Fragen stellen sollten. Solche Fragesteller wurden höflich, aber bestimmt aufgefordert, in ihre Kabinen zurückzugehen und dort zu bleiben. Hier kann ich die Erfahrung schildern, die Mr. und Mrs. Louis Ogden *[Louis Mansfield (1867–1946) und Augusta Ogden (1872–1959), Anm. d. Ü.]* gemacht haben, Freunde von mir, die in dieser Nacht an Bord waren. Sie bewohnten eine Kabine auf dem Zwischendeck und es war zu erwarten, dass sie etwas hörten. Viele Passagiere erlebten natürlich das Gleiche wie sie. Aber die große Mehrheit der Leute an Bord schlief während all dessen friedlich und ahnte nichts von unseren Anstrengungen – eine große Leistung der Crew.

Mr. Ogden erzählte mir später, dass seine Frau wach wurde und ihn weckte. „Was ist das für ein Lärm an Deck?" fragte sie.

„Mach dir keine Sorgen, schlaf weiter." Die typische Antwort eines Mannes an die besorgte Frau zu einer solchen Uhrzeit.

Aber wie andere Damen war sie nicht so einfach zum Schweigen zu bringen. „Mach die Tür auf und sieh nach, was los ist!"
Mr. Ogden folgte dem Befehl. Draußen stand ein Steward und Mr. Ogden rief ihn zu sich. „Was hat dieser Lärm zu bedeuten?" fragte er.
„Nichts, Sir, wir arbeiten an den Booten."
„Wozu?" Mr. Ogden wurde neugierig.
„Das kann ich Ihnen nicht sagen, Sir."
Mr. Ogden zog sich zurück und natürlich wuchs die Skepsis seiner Frau. Sie lauschte ein paar Minuten auf die Geräusche, die unvermeidlich waren, als unsere Boote hinuntergelassen wurden.
„Versuch es noch mal", verlangte sie schließlich.
Mr. Ogden steckte wieder den Kopf aus der Tür und diesmal traf er auf den Schiffsarzt. „Was ist los?"
„Nichts ist los. Gehen Sie bitte wieder in Ihre Kabine. Es ist die Anweisung des Kapitäns."
Was die Zweifel nicht beschwichtigte. Mr. Ogden zog sich zurück und wiederholte das Gespräch für seine Frau. Sie zogen sich an und packten ihre Wertsachen zusammen.
Die Dame blieb hartnäckig. „Versuch es noch mal!"
Mr. Ogden öffnete noch einmal die Tür – und seltsamerweise sah er wieder in das Gesicht des Arztes. Dieser befahl ihm, unbedingt in der Kabine zu bleiben und die Anordnungen des Kapitäns abzuwarten.
Aber der Passagier ließ nicht locker und zuletzt sah der Arzt keinen Ausweg mehr und sagte: „Wir fahren zur TITANIC. Sie ist in Seenot."
„Aber unser Schiff ist nicht in Seenot?"
„Nein, Sir, es ist die TITANIC – sie hat einen Eisberg gerammt."
Doch dann sah Mr. Ogden die Stewards, die Kissen und Decken trugen, und schloss daraus, dass etwas nicht stimmte. Und irgendwie gelangten er und Mrs. Ogden an Deck. Dort fanden sie eine Nische und blieben stundenlang, bis sie bei den ersten Strahlen des Tageslichts das Eis und dann das erste Boot sahen.
Derweil pflügten wir weiter durch die Nacht – eine sternenklare Nacht. Ich begab mich auf die Brücke. Dort kam der Marconi-Funker zu mir und berichtete, dass er eine Nachricht von der TITANIC an die OLYMPIC mitbekommen habe, in der letztere gebeten wurde, alle ihre Boote bereit zu halten. Das Gefühl, dass eine Tragödie bevorstand, wuchs. Aber die OLYMPIC war auf dem Weg nach Hause und Hunderte von Meilen entfernt, viel weiter als wir. Und die TITANIC hatte auch nach uns gerufen. Sie fragten, wie lange wir brauchen würden. „Sagen Sie, etwa vier Stunden", trug ich dem Funker auf (wir schafften es in dreieinhalb Stunden), „und sagen Sie, dass wir alle unsere Boote und alles andere bereit halten, um die Geretteten aufzunehmen."
Dann gab ich folgende Anweisungen: Alle Rettungsboote vorbereiten und hinunterlassen. Alle Gangway-Türen öffnen. Aufgerollte Seile an jede Gangway hängen. Einen Stuhl – mit Seil – an jede Gangway, um Kranke oder Verletzte nach oben zu ziehen. Lotsentreppen, Strickleitern und Flaschenzüge an alle Gangways. Drehkräne auftakeln und Dampf für die Winden

– um Post und andere Güter an Bord zu schaffen. Öl aus den Toilettenfenstern gießen, um die Wogen zu glätten. Leinentücher in die Nähe der Gangways, um Kinder oder Hilflose nach oben zu hieven. Ab drei Uhr morgens alle Viertelstunde Raketen abfeuern, um den Menschen an Bord der TITANIC zu signalisieren, dass wir kamen. Gegen 2.35 Uhr – etwa zwei Stunden nach dem ersten Notruf – kam der Arzt auf die Brücke und berichtete, dass alle Anweisungen ausgeführt worden seien und alles bereit sei. Noch während wir miteinander sprachen, sah ich ein grünes Licht aufleuchten.

„Da sind ihre Lichter", rief ich und zeigte in die Richtung. „Dann schwimmt sie noch!"

Das sah nach guten Neuigkeiten aus. Eine Stunde zuvor hatte der Marconi-Funker mir die Nachricht überbracht, dass der Maschinenraum der TITANIC dabei war, vollzulaufen. Es hatte verhängnisvoll geklungen – es bestand kaum ein Zweifel, dass sie unterging. Diesen Blick auf das grüne Flackern zu erhaschen, gab neue Hoffnung. Beinahe sofort berichtete der Zweite Offizier von dem ersten Eisberg. Er trieb backbord von uns und unsere Anspannung wuchs immer mehr. Eisberge tauchten auf und verschwanden wieder. Wir behielten das Tempo bei, änderten jedoch manchmal den Kurs, um ihnen auszuweichen. Die Anspannung war groß, denn das Schicksal der TITANIC stand uns vor Augen. Es waren siebenhundert Menschen auf der CARPATHIA; ihr Leben und das der TITANIC-Überlebenden hing von jeder Drehung des Steuers ab.

Sobald die Möglichkeit bestand, dass wir in Sichtweite waren, feuerten wir jede Viertelstunde Raketen ab, und als wir näher kamen, Römische Kerzen, um den Menschen mitzuteilen, dass die CARPATHIA kam. Dann und wann sahen wir ein grünes Licht; wir näherten uns der Stelle. Mittlerweile war die Hoffnung, die ihre grünen Signale uns zuerst gemacht hatten, erloschen. Von der TITANIC selbst war nichts zu sehen. Inzwischen – es war gegen halb vier Uhr morgens – hatten wir die Stelle fast erreicht und wenn das riesige Schiff sich noch über Wasser gehalten hätte, hätten wir es gesehen. Der Himmel war klar, die Sterne funkelten so hell, wie es nur bei frostiger Luft möglich ist, und die Sicht war so gut, wie sie es in einer mondlosen Nacht sein kann. Ich ließ die Maschinen auf „stand by" schalten, damit die Maschinisten jederzeit handeln konnten. Um vier Uhr hielt ich die Maschinen an, wir waren da. Dann sah ich ein grünes Licht vor uns – tief unten. Es musste ein Boot sein und als ich gerade plante, wie wir uns ihm nähern sollten, sah ich einen riesigen Berg direkt vor uns. Der Zweite Offizier berichtete im gleichen Augenblick davon. Ich hatte vorgehabt, dem Boot von der Backbordseite näher zu kommen, der Lee-Seite, auch wenn der Wind und der Seegang nur mäßig waren. Doch der Eisberg durchkreuzte meinen Plan. Wir mussten äußerste Vorsicht walten lassen. Ich ließ das Schiff drehen und so kamen die ersten Boote der TITANIC auf unsere Steuerbord-Seite zu. Ich war demütig dankbar, dass das lange Rennen vorbei war, jede Minute war gefährlich gewesen, und dem Risiko konnte man nur mit scharfen Augen und schnellen

Entscheidungen begegnen. Doch dazu kam der Schmerz, weil wir nun mit Sicherheit wussten, dass die TITANIC gesunken war. Keine Spur von ihr – und in der Tiefe das erste Boot mit Überlebenden.

Ein Ruf schallte aus dem Boot nach oben. „Wir haben nur einen Seemann im Boot und können nichts tun!" Sie befanden sich in der Nähe unserer Gangway.

„Schon gut", sagte ich und brachte das Schiff längsseitig in Stellung zu dem Rettungsboot. Dann begannen sie, an Bord zu klettern. Anscheinend waren sie in größter Eile davon gerudert, denn in dem Boot mit Platz für vierzig befanden sich nur fünfundzwanzig Menschen. Sie hatten einen Offizier dabei. Ich ließ den Offizier zu mir kommen, sobald er an Bord war, und ihm stellte ich dann die herzzerreißende Frage und wusste schon mit schrecklicher Sicherheit, wie die Antwort lauten würde.

„Ist die TITANIC gesunken?"

„Ja", sagte er. Das eine Wort bedeutete so viel, dass seine Stimme brach. „Sie ist gegen halb drei untergegangen."

Vor anderthalb Stunden! Ach, warum waren wir nicht in der Nähe gewesen! Aber es war keine Zeit für nutzlose Klagen. Der Tag brach an und was für ein Anblick bot sich uns! Überall Eisberge. Etwa eine Drittelmeile steuerbord von uns entfernt befand sich der, den wir vor ein paar Minuten gesehen hatten. Nicht einmal dreihundert Meter backbord von uns trieb ein kleiner Eisberg – ein abgebrochener Klumpen, drei bis viereinhalb Meter hoch und ungefähr sieben Meter lang. Eisberge, soweit das Auge reichte. Ich wies einen Junioroffizier an, auf das Steuerhaus-Deck zu gehen und sie zu zählen. Fünfundzwanzig waren über sechshundert, Dutzende zwischen hundertfünfzig und vierhundertfünfzig Meter hoch. Und mitten in dieser tragischen Pracht, beschienen von den ersten Sonnenstrahlen, trieben die Boote des gesunkenen Schiffes.

Die Geretteten empfanden bei aller Dankbarkeit die Schwere des Verlustes und die klirrende Kälte. Viele der Frauen hatten Stunden in den offenen Booten verbracht und trugen über ihren Nachthemden nur einen hastig übergestreiften Mantel – das verriet, wie überstürzt sie das Schiff verlassen hatten, und man konnte sich die endlose Angst vorstellen, bis die Boote zu Wasser gelassen wurden.

Langsam fuhren wir von einem Boot zum nächsten und am Ende der Suche ahnte man das Ausmaß des Unglücks. Insgesamt nahmen wir 706 Personen auf, aber an Bord der TITANIC hatten sich über 2000 Menschen – Mannschaft und Passagiere – befunden. Viele Hundert waren gestorben, die noch ein paar Stunden zuvor Teil einer fröhlichen, vornehmen Gesellschaft gewesen waren – auf halber Strecke auf der Jungfernfahrt eines der größten Passagierschiffe der Welt! Wir hielten einen Gottesdienst im Speisesaal der Ersten Klasse ab – im Gedenken an die Verstorbenen und zum Dank für die Geretteten. Bis auf die Boote neben dem Schiff und die Eisberge war die See sonderbar leer. Es trieben kaum Wrackteile im Wasser – nur ein oder zwei Stühle vom Deck und ein paar Schwimmwesten, nicht mehr Treibgut als das,

Der Untergang der TITANIC, ein Gemälde von Willy Stöwer.

was man oft am Strand sieht, wenn es von den Gezeiten angeschwemmt wird. Das Schiff war buchstäblich mit Mann und Maus untergegangen und hatte alles mitgerissen. Ich sah nur eine Leiche im Wasser; in der Eiseskälte konnte niemand lange überleben.

Wir konnten nicht lange bleiben, zumal sich um diese Zeit – gegen acht Uhr – ein anderes Schiff näherte. Es war die CALIFORNIAN. Sie hatte keine Funkanlage und hatte die ganze Nacht nur ein paar Meilen entfernt gelegen, beigedreht wegen des Eises. Wir gaben ihr ein Signal und forderten sie auf, die Suche fortzusetzen, während wir nach New York fahren würden. Das Wasser stieg und mir lag viel daran, bei Tageslicht aus der Gefahrenzone herauszukommen. Wir holten so viele Boote der TITANIC an Bord, wie wir konnten – einige blieben an unseren Bootskränen hängen, andere wurden emporgezogen – und fuhren weiter. Ich darf vielleicht erwähnen, dass ich, während wir die Boote an Bord schafften, von der Brücke hinunterschaute und meinen Freund Mr. Ogden sah. Er hatte am Tag zuvor einen neuen Fotoapparat ausprobiert. Also formte ich mit den Händen einen Trichter und rief hinunter: „Was ist mit der neuen Kamera?"

Er schaute mich an, hob die Hände, als wolle er sagen, dass er gar nicht daran gedacht hatte, und eilte davon. Ein paar Minuten später machte er Fotos von den herannahenden Booten. Das sind die einzigen authentischen Bilder von diesem Ereignis und wahrscheinlich hatte noch kein Amateurfotograf so spannende Motive gehabt.

Es war ein wunderschöner Morgen, die Sonne schien und das Meer und die Eisberge glitzerten. Überall trieben Dutzende dieser Monster – so ein herrlicher Anblick, so gefährlich beim Zusammenstoß! Einige Boote mit Überlebenden trieben neben uns her, manche Leute kletterten an Bord, andere wurden hochgezogen, alle trugen Schwimmwesten (und die schützten die Träger vor der gefährlichen Kälte), und dann kamen Boote von überall her und hatten ein gemeinsames Ziel – die CARPATHIA.

Eine Sache ist mir besonders in Erinnerung geblieben – die Ruhe. Kein Lärm, keine Eile. Als unsere Passagiere nach und nach an Deck erschienen, begriffen sie nicht gleich das Ausmaß der Tragödie. Doch als sie es erkannt hatten, verstanden sie, dass sie nicht nur Zuschauer sein durften, dass hier eine nie dagewesene Situation eingetreten war, in der sie eine Rolle spielen mussten. Sie fingen an, die Geretteten zu trösten, überredeten sie, Stärkungen zu sich zu nehmen, versuchten, den Kummer zu mildern, der sich ihrer bemächtigt hatte. Unsere Ärzte waren sicher erleichtert, dass unsere Passagiere so viel gesunden Menschenverstand zeigten.

Sie sahen, dass die Überlebenden trockene warme Kleidung brauchten, also brachten sie sie in ihre eigenen Kabinen und statteten sie

Mr. Ogdens fotografierte von Bord der CARPATHIA die nahenden Rettungsboote der TITANIC.

mit allem aus, was sie hatten. Alle männlichen Passagiere traten ihre Kabinen ab und viele der Damen teilten sich eine Kabine, damit die Unglücklichen untergebracht werden konnten. Natürlich verzichteten auch alle Offiziere auf ihre Kabinen.

In meiner Kabine befanden sich drei Damen, die alle Angehörige verloren hatten. Ihre Ehemänner, alle Millionäre, waren ums Leben gekommen und eine Dame hatte auch noch einen Sohn verloren. Eine andere hatte ihren Sohn dagegen dabei – seine Rettung war dramatisch gewesen, wie so viele in jener Nacht. Dieser Junge war von seiner Mutter getrennt worden, hatte aber noch einen Platz in einem Faltboot gefunden. Die unterscheiden sich von gewöhnlichen Booten nur dadurch, dass sie einen flachen Boden haben und ihre Seiten aus Leinwand bestehen und zusammengeklappt werden können. Das Boot, in dem dieser Junge saß, war aus irgendeinem Grund gekentert und schwamm kieloben. Seine Lage war sogar noch gefährlicher, als es sich anhört, denn man konnte das Boot nicht steuern, es trieb ruderlos auf dem Wasser.

Von diesem Jungen bekam ich eine drastische Schilderung davon, wie die TITANIC gesunken war, wie ein riesiger Fisch, das Vordeck tief im Wasser, das Heck hoch oben in der Luft, bis sie schließlich aus der Sichtweite verschwand. Das Faltboot war glücklicherweise nicht vom Sog des Schiffes mitgerissen worden, es schaukelte hilflos auf den Wellen, blieb jedoch über Wasser. Nach einer Weile näherte sich ein Boot vom Schiff, das den Jungen aufnahm. Und der erste Mensch, den er in dem Rettungsboot sah, war seine Mutter. Man kann sich die Freude bei dieser Begegnung vorstellen!

Ich hörte noch eine ähnliche Geschichte. Einige der ersten Boote, die den Ort des Unglücks verließen, waren nicht ganz voll gewesen, doch später waren sie überfüllt und es kam zu herzzerreißenden Szenen, wenn überladene Boote arme Kerle trafen, die im eiskalten Wasser schwammen. Ich erinnere mich, dass ein Schwimmer sich an ein Boot klammerte. Es war noch vor Tagesanbruch. Niemand sah, wer es war, aber es erhoben sich viele Stimmen und protestierten dagegen, dass er ins Boot gezogen wurde.

„Wir sind voll, wir sind voll", riefen sie. „Lasst ihn nicht hinein!"

Eine Frau jedoch, die um ihren Mann trauerte, der mit dem Schiff untergegangen war, bat darum, den Schwimmer an Bord zu holen. Sie setzte sich durch und der Schwimmer wurde gerettet. Dann versank sie wieder in die Lethargie, die eine große Tragödie mit sich bringt. Stunden vergingen. Schließlich fiel das Morgenlicht auf die ausgemergelten Gesichter derer, die sich schaudernd in dem Boot zusammenkauerten. Erst da sah die Frau das Gesicht des durchweichten Mannes, den sie vor dem Ertrinken bewahrt hatte.

Es war ihr Mann.

Es rührte das Herz, die Tapferkeit der Unglücklichen zu sehen, und man war ein wenig stolz, wenn man hörte, was die Überlebenden in den letzten Stunden auf dem sinkenden Schiff erlebt hatten. Geschichten über Mut und Selbstaufopferung, die Menschen aus jeder Klasse gezeigt hatten und die der Menschheit zur Ehre gereichen. In diesen Stunden der Prüfung, im Angesicht des Todes, bewiesen Männer den gleichen Heldenmut, ob sie aus bescheidensten Verhältnissen kamen oder mit den Gütern der Welt gesegnet waren. Und wenn man die verzweifelten, manchmal auch völlig leeren Gesichter der Geretteten sah, fragte man sich, wer besser dran war – sie oder die Zurückgebliebenen? Und viele der Reichen und Berühmten bewiesen in jener Nacht, dass sie noch mehr besaßen, nämlich Selbstaufopferung und Selbstbeherrschung. Wir hörten Geschichten von Bekannten und Unbekannten. Eine ist mir besonders in Erinnerung geblieben. Sie handelt von einem jungen Mädchen.

Ein mit Frauen besetztes Boot sollte vom Schiff herabgelassen werden. Es war zu voll und es wurde befohlen, dass jemand aussteigen musste. Was für ein Augenblick! Doch es musste sein, denn das überfüllte Boot gefährdete das Leben aller. Eine junge Dame – eigentlich noch ein Mädchen – stand auf und wollte das Boot verlassen. Einige der anderen protestierten und baten sie zu bleiben. „Nein", sagte sie, „ihr seid verheiratet und habt Familie, ich nicht – da ist es nicht so wichtig." Sie stieg aus dem Boot und begab sich wieder an Deck. Sie ging mit dem Schiff unter. Sie opferte ihr Leben, damit andere leben konnten. Ich kann die Schönheit dieser Tat nicht in Worte fassen. Doch in dieser Nacht ereignete sich so etwas Hunderte Mal, als die Boote wegfuhren – bis keine mehr da waren und die Zurückgebliebenen wussten, dass keine Hoffnung mehr bestand.

In der Nacht und am Morgen geschah viel. Ich erzähle eine Geschichte, die zeigt, dass Wahrheit seltsamer sein kann als Dichtung. Es wirft auch ein Licht auf die faszinierende Ruhe und Effektivität, mit der die Crew der CARPATHIA ihre Aufgaben erfüllte.

Wir waren am 2. April 1912 in New York in See gegangen. Die Fahrt verlief reibungslos, trotz der klirrenden Kälte, die allen auffiel. Am Sonntag – nach drei Tagen – waren wir in Reichweite für Funkkontakt mit der TITANIC.

Beim Abendessen kam eine Nachricht von dem Schiff – eine private Nachricht. Sie kam von zwei jungen Damen, die an Bord gewesen waren, und ging an ihren Onkel und ihre Tante – Mr. und Mrs. Marshall –, die sich auf der CARPATHIA befanden. Nur ein fröhlicher Gruß und die Nachricht, wie schön die Fahrt war. In der gleichen Nacht ging das Schiff unter. Die Marshalls wussten nichts davon. Sie waren in ihre Kabine gegangen und hatten sich schlafen gelegt. Die Nacht war ruhig und die See still, sie verschliefen alles, was an Bord vor sich ging. Doch unter den ersten Überlebenden, die eine der Gangways heraufkamen, waren die beiden Nichten, die ein paar Stunden von der TITANIC an die Marshalls telegrafiert hatten. Während Letztere geschlafen hatten, hatten die beiden jungen Damen all die Schrecken der Nacht erlebt. Gegen halb sieben wachten die Marshalls auf. Ein Steward klopfte an ihre Tür und weckte sie.

„Was ist los?", fragte Mr. Marshall.

„Ihre Nichten möchten Sie sehen, Sir", erwiderte der Steward.

Kein Wunder, dass er fassungslos war. Er traute seinen Augen und Ohren nicht, als er die beiden Mädchen sah und ihre Geschichte hörte.

Wenn ich an jenen Morgen zurückdenke, muss ich wieder betonen, welche überwältigende Stille an Bord herrschte. Es gab absolut keine Aufregung. Im ersten Moment waren unsere Passagiere wie betäubt von der Schwere des Ereignisses, und die Geretteten kamen langsam zu sich. Danach waren alle zu beschäftigt, um viel nachzudenken. Die Damen wurden Krankenschwestern, brachten die Neuankömmlinge ins Bett oder dazu, sich an Deck hinzulegen, und taten, was sie konnten, um Leid zu mildern und zu trösten. Da viele Passagiere der Zweiten und Dritten Klasse, die an Bord kamen, nur dürftig bekleidet waren, wurden Laken und Decken umfunktioniert und viele Damen fingen an, Kleider zu nähen. Andere gingen zu den Passagieren der Dritten Klasse und kümmerten sich um die Kinder. Menschliche Güte zeigte sich auf vielfältige Art an diesem Morgen und in den Tagen, bis wir New York erreichten, und die ganze Zeit über herrschte Ruhe – das Unglück war so gewaltig, dass es alle zum Schweigen brachte. Es ist unglaublich, dass die schrecklichen Erlebnisse, die so viele hinter sich gehabt hatten, nicht wenigstens bei einigen zu hysterischen Ausbrüchen führten, aber es war nicht der Fall.

Am Dienstagmorgen kam Dr. McGee [Francis Edward „Frank" McGee (1873–1933), Schiffsarzt auf der CARPATHIA, Anm. d. Ü.] zu mir und berichtete, dass es allen Überlebenden physisch gut ging. Wunderbar! Ich wusste, dass es der endlosen Fürsorge von ihm und der ganzen Besatzung zu verdanken war. Niemand ließ in seinen Bemühungen nach. Loyal und guter Laune taten alle Besatzungsmitglieder, Offiziere und andere, ihr Bestes. Ärzte, Stewards und sogar die kleinen Pagen dachten von dem Augenblick an, in dem ich meine ersten Anweisungen gab, nicht daran, sich auszuruhen, bis wir in New York waren und die Überlebenden abgesetzt hatten. Danach setzten wir unsere unterbrochene Reise in Richtung Mittelmeer fort.

Nur ein einziger Fall von Selbstsucht kam mir zu Ohren. Ein Ausländer, der an Bord gekommen war, legte sich in einem Raucherzimmer schlafen. Ohne an die anderen zu denken, hatte er sich mehrere Decken für seine eigene Bequemlichkeit beschafft. Die hüllten seine rundliche Gestalt ein, als andere Leute feststellten, dass sie keine Decken hatten. Er wurde aufgefordert, welche abzugeben, berief sich jedoch auf das alte Motto: „Was ich habe, behalte ich." Ein paar Männer hielten eine kleinen Kriegsrat. Doch der Krieg war bald zu Ende – und die Decken wurden herausgegeben.

Das erinnert mich an eine andere Geschichte, die nicht ganz so schlimm war – denn in jedem menschlichen Drama, so tragisch es auch sein mag, blitzt immer ein Funken Humor auf. Der Mann schilderte mir das Erlebnis hinterher selbst und ich musste über das Bild lachen, das ich vor meinem inneren Auge sah. Er hatte seine Kabine aufgegeben und hatte nun kein Bett.

Er lief umher und suchte nach einer Nische, in der er sich zusammenrollen konnte, als er – o Wunder! – eine leere Matratze und ein paar Decken erspähte. Mit einem Seufzer der Erleichterung legte er sich hin, zog sich die Decke über den Kopf und schlief friedlich ein. Können Sie sich seine unangenehme Überraschung vorstellen, als er morgens aufwachte und feststellte, dass er nur von Frauen umgeben war? Er hatte sich in einem Teil des Schiffes niedergelassen, der für die geretteten Damen reserviert gewesen war, und die ganze Nacht unbemerkt dort gelegen. Sein Rückzug war eher hastig als strategisch.

Nun, nachdem wir es der CALIFORNIAN überlassen hatten, die Suche fortzusetzen – obwohl keine Hoffnung bestand, dass jemand in dem eiskalten Meer überlebt hatte –, machten wir uns auf den Rückweg. Wir stellten bald fest, dass eine gewaltige Eisschicht uns den Weg versperrte. Es hatte noch nie so viel Eis in diesen Breitengraden gegeben. Natürlich hatten wir die Schicht schon vorher gesehen, jedoch nicht geahnt, wie riesig und wie dick sie war. Wir sahen nur, dass sie bis zum Horizont reichte – ein überwältigender Anblick. Riesige Eisberge von bis zu sechshundert Metern Höhe erhoben sich auf der Schicht, die wiederum die Wasseroberfläche um zweihundert bis vierhundert Meter überragten. Die Berge erinnerten an Minarette, Kathedralen und Segelschiffe und die Morgensonne tauchte sie in Gold. Fast vier Stunden umschifften wir diese Eisschicht und legten dabei sechsundfünfzig Meilen zurück. Dann lag sie hinter uns und wir konnten unseren Weg nach New York fortsetzen.

Ich sollte erwähnen, dass die OLYMPIC, die New York am Samstag verlassen hatte und sich zur Zeit des Unglücks ein paar hundert Meilen westlich befand, uns telegrafierte und vorschlug, die Geretteten aufzunehmen. Aber ich war dagegen. Glücklicherweise war Mr. Ismay, der Direktor der White Star Line [Joseph Bruce Ismay (1862–1937), Anm. d. Ü.], unter den Geretteten. Ich sagte ihm, dass es unklug wäre, die armen Leute, die gerade aus den Booten aufgenommen worden waren, auf ein anderes Schiff zu bringen. Er stimmte mir sofort zu und trug mir auf, der OLYMPIC die Nachricht zu übermitteln, dass sie außer Sichtweite bleiben sollte.

Also fuhren wir weiter und kamen von Zeit zu Zeit immer noch an vereinzelten Eisbergen vorbei.

Ich erinnere mich, dass wir gegen Mittag dem russischen Dampfer BURMAH begegneten, der in Richtung Osten unterwegs war und versuchte, die Eisschicht zu durchdringen. Doch er kehrte um und ich mache der Besatzung keine Vorwürfe!

Wir konnten der OLYMPIC die nüchternen Fakten des Unglücks mitteilen und ich schickte die offizielle Nachricht auch an die Cunard Company – zusammen mit einer Namensliste der Überlebenden. Das war unsere erste Chance, die Nachricht ans Festland zu übermitteln. Wegen der kurzen Reichweite des damaligen Funks war es auch bis Mittwochnachmittag die letzte Gelegenheit, zu kommunizieren, und dann erfuhren wir, dass die Welt voller Spannung auf genaue Berichte und vor allem eine richtige, vollständige Namensliste der Geretteten wartete.

Als wir das Eis hinter uns hatten, trafen wir auf den anderen Erzfeind der Schiffe auf See – Nebel. Er hüllte uns stundenlang ein und kam am Mittwoch zurück. So blieb es mehr oder weniger auf dem ganzen Weg nach New York. Das nervtötende Geräusch des Nebelhorns jede halbe Minute muss besonders belastend für die Überlebenden gewesen sein, und ich sorgte mich um ihren Geisteszustand. Wir hatten drei Leichen aus den Booten geholt und ein Mann starb am Montagmorgen.

Alle vier wurden am Montagmorgen bestattet und ein protestantischer und ein katholischer Gottesdienst für sie abgehalten. Am Mittwochnachmittag verständigten wir uns mit der USS CHESTER – bei dichtem Nebel – und konnten mit ihrer Hilfe eine aktualisierte und korrigierte Namensliste der Überlebenden schicken. Am Donnerstagnachmittag hörten wir das Nebelhorn des Feuerschiffs von Fire Island und gegen sechs hielten wir vor dem Feuerschiff im Ambrose Channel. Jetzt begannen wir zu ahnen, mit welcher Spannung man uns erwartete. Die Presseboote scharten sich buchstäblich um uns! Ich ließ die Journalisten nicht an Bord. Das Wohlergehen der Geretteten hatte oberste Priorität. Von Dutzenden eifrigen jungen Journalisten, die auf reißerische Details erpicht waren, interviewt zu werden, wäre eine Qual für sie gewesen, bei der sie alles noch einmal durchlebt hätten. Natürlich machten die Reporter nur ihre Arbeit und als ich ihnen sagte, dass sie nicht an Bord kommen dürften, war es amüsant zu sehen, welche Tricks einige von ihnen anwandten, um meine Anweisung zu umgehen. Diese Presseboote waren mit riesigen Plakaten versehen, denen man entnehmen konnte, von welcher Zeitung sie kamen. Sie wollten unbedingt mich und die Passagiere interviewen, aber ich konnte nicht zustimmen. Zwei Journalisten versuchten es mit einem Trick – sie kamen im Lotsenboot.

Einer war ein Freund von mir und es war nicht leicht, ihn einfach abzuweisen.

„Können diese Leute an Bord kommen?", rief er.

Ich formte einen Trichter mit den Händen und rief zurück: „Ich kann dich nicht hören."

„Sie wollen an Bord! Sie haben Freunde auf dem Schiff!"

„Ich höre dich nicht", brüllte ich und wahrscheinlich wussten sie, dass ich mich taub stellte. Doch als der Lotse die Leiter hinunterließ, rechnete ich damit, dass sie versuchen würden, an Bord zu kommen. Also ließ ich ein Seil an das Ende der Leiter binden und befahl zwei Jungen, es einzuholen, als der Lotse kam. Sie können sich vorstellen, was geschah. Sobald der Lotse einen Fuß von der ersten Sprosse auf die zweite gesetzt hatte, holten die Jungen das Seil ein und zogen dem Mann die Leiter buchstäblich unter den Füßen weg. Einer der beiden Männer im Boot machte einen Satz und versuchte, ihm zu folgen, doch die Leiter war nicht mehr da und er fiel hintenüber.

Von allen Journalisten kam nur einer an Bord.

Das war später. Er wagte einen Sprung, der ihn das Leben hätte kosten können, und landete auf dem Deck. Es wurde mir berichtet und ich ließ ihn auf die Brücke bringen. Ich erklärte meine Gründe, warum ich niemanden an Bord kommen ließ und warum die Passagiere nicht interviewt werden sollten.

Ich verbot ihm bei Strafe, die Brücke zu verlassen, und muss sagen, er war ein Gentleman. Nachdem wir angelegt hatten und die Passagiere das Schiff verlassen hatten, machte er eine gute Geschichte aus seiner „Heldentat". Er war der Einzige, der an Bord gelangte, und erfuhr Anerkennung für seine Kühnheit.

Doch bevor wir in Sicherheit waren, gab es wieder einen heftigen Wetterumschwung – ein dramatisches Ende der tragischen Episode. Erst fing es an zu stürmen, dann goss es in Strömen und zuletzt gab es ein Gewitter. Blitz und Donner begleiteten uns auf unserem Weg durch den Kanal. Dieses Wetter hielt an, bis wir uns dem Cunard-Anlegeplatz näherten. Ich stand im strömenden Regen auf der Brücke und mir wurde ein Päckchen Briefe und Telegramme gebracht. Ich konnte sie nicht gleich durchsehen und steckte sie in die Tasche. Später rannte ich während einer Windstille in meinen Kartenraum, griff in meine ziemlich volle Tasche und zog ein Papier heraus – nur eins. Es war von meiner Frau *[Ethel Minnie Rostron, geb. Stothert (1874–1943), Anm. d. Ü.]*!

Zufrieden ging ich auf meine Brücke zurück. Der Anblick, der sich mir bot, war unvergesslich – ein einziges Blitzlichtgewitter. Rund um das Schiff wimmelte es von Schleppschiffen und noch bevor wir anlegen konnten, mussten alle Boote der TITANIC hinuntergelassen werden, weil sie sonst den Seilen zum Anlegen im Weg gewesen wären. In jedem dieser Boote saßen zwei gerettete Mitglieder der Besatzung der TITANIC. Und zu sehen, wie sie in die pechschwarze Nacht hinuntergelassen wurden, erinnerte einen daran, wie sie von ihrem eigenen prächtigen Schiff hinuntergelassen worden waren, das diesen Hafen nie erreicht hatte. Um neun Uhr abends verließen sie uns – diejenigen, die das schreckliche Unglück überlebt hatten – und ich war froh, zu sehen, wie sie an Land gingen. Natürlich wollte ich sie nicht persönlich loswerden, doch es war eine Erlösung, dass meine Verantwortung endete und sie in Sicherheit waren. Wir hatten alle unter größter Anspannung gestanden und die Erleichterung war nun ebenso groß.

Die Arbeit war getan. Wir konnten wieder an unsere eigenen Angelegenheiten denken. Unser eigentliches Ziel war das Mittelmeer gewesen, wir hatten reichlich Passagiere. Ich ließ schnell unseren Bestand an Laken, Decken usw. auffüllen – das Material kam von einem Schwesterschiff – und noch am gleichen Donnerstagnachmittag – genau eine Woche, nachdem wir in See gestochen waren – verließen wir den Ankerplatz, ausgestattet mit Wasser und Kohle, und setzten unsere Fahrt fort. Ein Passagier verließ uns, aber zwei neue kamen an Bord, wir waren also einer mehr. Es war eine ereignisreiche Woche gewesen – und bedeutsam für die Geschichte der Seefahrt, wie sich herausstellte. Eines der Ergebnisse war, dass das Board of Trade neue Regeln erließ, nach denen jedes Schiff auf See genug Rettungsboote für alle Passagiere und die Crew an Bord haben muss. Heute erscheint es unglaublich, dass dieses furchtbare Unglück nötig war, um eine solche Regel zu bewirken – und es ist ein unerträglicher Gedanke, dass alle Passagiere der TITANIC hätten gerettet werden können, wenn genug Boote da gewesen wären, denn sie sank erst zweieinhalb Stunden, nachdem sie auf den Eisberg geprallt war. Heute gibt es – von Portsmouth bis zu den kleinen Fähren, die zur Isle of Wight fahren – Rettungsbootplätze und Schwimmwesten für alle Passagiere, die Platz auf dem Schiff haben. Und die Katastrophe hatte noch etwas Gutes zur Folge. Unterstützt von Großbritannien und Amerika, gibt es jetzt eine ständige Eispatrouille, die von März bis Juli oder August die Breitengrade überwacht, in denen gelegentlich Eis auftaucht, und allen Schiffen Bescheid gibt, wenn sich Eisberge zeigen, die ein ähnliches Unglück wie das der TITANIC verursachen könnten. TITANIC! Zu den den bemerkenswerten Eigenschaften dieses kurzlebigen Schiffes gehörte zweifellos sein Name. Wenn Sie im Lexikon nachschlagen, steht dort: „Titanen. Ein Volk, das vergeblich versuchte, die Kraft der Natur zu überwinden." Welcher Name hätte unglücklicher und zugleich passender sein können?

Das wäre ein passendes Ende der Geschichte gewesen. Aber die Nachwirkungen beschäftigten mich noch eine ganze Weile. Im Juli kehrte ich aus Neapel nach England zurück, um an der Untersuchung des Untergangs der Titanic mitzuwirken, die in London stattfand; danach hatte ich ein paar Wochen Urlaub. Im Dezember verließ ich die CARPATHIA und ließ die Berichte an Bord, die wir von den Geretteten bekommen hatten. Dann folgte eine Reihe von öffentlichen Auftritten. Am 2. März 1913 verlieh mir in Washington Präsident Taft *[William Howard Taft (1857–1930), 1909–1913 der 27. Präsident der USA, Anm. d. Ü.)]* „mit dem Dank des Kongresses" die Congressional Medal of Honour.

Der britische Botschafter, Lord Bryce *[James Bryce, 1. Viscount Bryce (1838–1922), britischer Politiker, Jurist und Historiker, 1907–1913 britischer Botschafter in den USA, Anm. d. Ü.]*, brachte uns ins Weiße Haus. Dort empfingen wir die Medaille, die höchste Auszeichnung, die die Regierung der Vereinigten Staaten verleihen kann. Danach kehrten wir in die britische Botschaft zurück, wo mir der Orden American Cross of Honour verliehen wurde. Meine Frau und ich verbrachten ein paar schöne Tage und fuhren dann nach Hause – auf der MAURETANIA, deren Kapitän ich so lange und in so ereignisreichen Zeiten sein würde. Und in dem Krieg, der uns bevorstand, fand die CARPATHIA ihr Ende. Sie wurde im Mai 1918 vor der Südküste von Irland versenkt. Es war ein trauriges Ende für ein wunderbares Schiff, aber ein passendes Ende für meine Geschichte. Sie hatte in Krieg und Frieden ihre Pflicht getan und ruht nun für immer auf einem Bett aus Sand.

(Quelle: https://archive.org/details/in.ernet.dli.2015.523306/page/n1/mode/2up)

Aus dieser Perspektive ist die frühere BREMEN des Norddeutschen Lloyd am Kai in Jeddah knapp 20 Jahre nach ihrer Indienststellung noch gut erkennbar. (Slg. Focke)

Der letzte Hafen der BREMEN

Ex-Lloyd-Liner als SAUDIPHIL I in Jeddah 1977 bis 1981 und seine Aufgaben

▷ Manfred Menzel

Von April 1981 bis Mai 1982 war Kapitän Manfred Menzel als persönlicher Berater des Ministers für Häfen und Küsten überwiegend in Jeddah tätig. Hier berichtet er erstmals über bislang kaum bekannte Hintergründe, warum die Saudis das Schiff nach dessen Scheitern als griechisches Kreuzfahrtschiff 1977 kauften und welche Aufgaben es in Jeddah erfüllte.

Was Verbraucher aller Länder ohne eigene Ölförderung damals durch Unterversorgung mit rasant steigenden Ölpreisen zu spüren bekamen, entwickelte sich für die ölexportierenden Länder zu einem wahren Geldregen, in dessen Folge deren Importe derart zunahmen, dass ihre Häfen und Infrastruktur im Hinterland sie kaum bewältigen konnten. Vor allen Seehäfen der ölexportierenden Staaten warteten unzählige Schiffe auf Abfertigung, häufig monatelang. Am schlimmsten war es wohl vor Lagos in Nigeria an der westafrikanischen Küste. Als ich im Frühjahr 1981 nach Jeddah kam, lagen dort noch immer viele Schiffe auf Reede.

Der saudi-arabische Minister für Häfen und Küsten hatte sich großes Ansehen erworben, weil es ihm gelungen war, durch drastische Maßnahmen die Warteschlange von Schiffen vor den saudischen Häfen am Roten Meer und im Persischen Golf deutlich zu verkürzen. Das war ihm durch zahlreiche Ideen gelungen, etwa durch die Zemententladung von Ankerliegern mit Hubschraubern; durch den Kauf eines großen Bulkers (Massengutfrachter) und dessen Umbau zu einem schwimmenden Zement-Terminal mit an Deck platzierten automatischen Absackanlagen und Förderbändern vom Schiff in bereitstehende Lastwagen. Weiter setzte der Minister vereinfachte Zollabfertigungen mit der Auflage für Importeure durch, rollendes Gut binnen sechs Stunden, Tag und Nacht, werk- und feiertags, aus dem Hafen zu schaffen, Stück- und Massengut binnen 48 Stunden. Dies war verbunden mit der Androhung, alle Ladungen hafenseitig für Rechnung der Importeure hinauszuschaffen und in der direkt an den Hafen grenzenden Wüste zu vergraben.

Darüber hinaus verpflichtete der Minister alle Importeure, das ETA (Estimated Time of Arrival), also den voraussichtlichen Ankunftstermin ihrer für Saudi Arabien bestimmten Schiffe, bereits vor der Beladung in den Exporthäfen der saudischen Hafenbehörde zu melden. Unangemeldete Schiffe mussten ans Ende der Warteschlange.

Diese Dynamik stellte Saudi-Arabien vor ein Problem: Saudische Arbeiter durften keine Kuli-Arbeit ausführen. Ihre niedrigste erlaubte Tätigkeit war Taxifahren. Wer also sollte nicht nur in den Häfen, sondern grundsätzlich und überall, körperliche Arbeit verrichten vom Straßenfegen bei unbarmherziger Hitze und vom ständig wehenden Wind aufgewirbelten Sand und Staub über Servicepersonal für private Haushalte und Hotels, medizinisches Personal für die hervorragend ausgerüsteten Krankenhäuser bis hin zu Hafenarbeitern.

„Mein" Minister entschied sich vor diesem Hintergrund, philippinische Arbeitskräfte ins Land zu holen. Mit der Organisation wollte er eine Personalagentur in Manila beauftragen, die allerdings erst noch geschaffen werden musste. Bei zunächst zwölf Piers sollte im Zwei-12-Stunden-Schichten-System gearbeitet werden und das bei der dortigen Hitze in den meist schlecht oder gar unbelüfteten Schiffsluken. Überschlägig ergab das einen Arbeiterbedarf für die 12 Piers mit zwölf Schiffen à fünf Luken à acht Mann pro Luke plus acht Mann auf den Piers mal zwei Schichten pro Tag von 1920 Hafenarbeitern plus Kranführer, Flurfördergeräte plus Wartungspersonal für die technischen Anlagen. Hinzu kam das Betriebspersonal, sicherlich noch mal 200 Leute und Reinigungskräfte für das Schiff und den Hafen. Somit kam man alleine für den Hafen von Jeddah auf einen anfänglichen Bedarf von 2.400 Arbeitskräften. Für sie gab es in ganz Jeddah keine einzige Unterkunft. Vor diesem Hintergrund kaufte die philippinische Personalagentur die in Piräus liegende REGINA MAGNA, benannte sie in SAUDI PHIL 1 um, ließ sie durch den Suez-Kanal nach Jeddah schleppen und legte sie dort an die Pier.

Allergrößter Wert wurde in Jeddah Islamic Port (JIP) auf Reinlichkeit gelegt: Die lange aufgelegte ex-BREMEN bekam einen neuen Außenanstrich. Sie wurde herausgeputzt und lag nun dort in den Farben ihrer Zeit unter griechischer Flagge wie aus dem Ei gepellt. Die Hafenarbeiter zogen ein. Sie hielten das Schiff gut in Schuss und stets gut in Farbe.

Mit 2400 Männern im Schichtbetrieb herrschte auf der Pier vor und nach dem Schichtwechsel ein beeindruckendes Kommen und Gehen mit einem regen Busverkehr. Da so viele Menschen in so kurzer Zeit unmöglich über die bisher vorhandenen Gangways an und von Bord gehen konnten, wurde auf Pierhöhe eine straßenbreite Öffnung in die landseitige Bordwand gebrannt und mit einer genauso breiten beweglichen Rampe versehen, deren Neigung sich dem in JIP geringen Tidenhub von 30 Zentimetern problemlos anpasste. Auf diese unkonventionelle Weise war eine einfache Lösung gefunden worden für den 12-stündigen Schichtwechsel, immerhin rund 1000 Arbeiter erst von, dann an Bord.

Sie alle wurden an Bord verpflegt. Alleine das war eine logistische Herausforderung: 2.400 hart arbeitende Menschen verbrauchten täglich rund sechs Tonnen Nahrungsmittel und Getränke, die täglich angefahren und auf das Schiff gebracht wurden. Alkohol und damit auch Bier ist in Saudi-Arabien wie in anderen islamischen Ländern verboten. Trink- und Betriebswasser stellte die SAUDI PHIL 1 mit einer Meerwasser-Entsalzungsanlage selbst her. Auch Strom produzierte das Schiff selber.

Die Kombüsen, die Bäckerei und die Wäscherei liefen im Dauerbetrieb. Auch das Schiffshospital war beständig offen und mit philippinischen Ärzten und Hilfskräften besetzt. Während der Zeit, die ich die SAUDI PHIL 1 in Jeddah liegen sah, habe ich nie gesehen oder gehört, dass jemand von diesen Hafenarbeitern in ein städtisches Krankenhaus gebracht wurde. Dies obwohl es natürlich immer mal wieder zu Krankheiten und Verletzungen kam, die nicht zuletzt darauf zurückzuführen waren, dass die philippinischen Arbeiter zuvor noch nie auf einem Schiff und in einem Hafen gearbeitet hatten.

Der enorme Proviantverbrauch produzierte natürlich auch große Mengen an Fäkalien, die an Bord in Septic Tanks analog zu Klärgruben an Land maschinell vorgereinigt und dann auf eines der zwei brandneuen Müllverbrennungsschiffe geleitet wurden.

Zusammenfassend kann ich also sagen, dass die SAUDI PHIL 1 bis zu ihrem letzten Tag in JIP in jeder Weise autark gewesen ist.

Die SAUDIPHIL I Ende 1977 in Jeddah. Ihr deutscher Name BREMEN ist am Bug noch immer gut zu lesen. (Archiv Nordsee-Zeitung, Bremerhaven)

Historischer Hintergrund

Die frühere BREMEN verlässt die Columbuskaje in Bremerhaven am Abend des 21. Januar 1972 ein letztes Mal. (Archiv Nordsee-Zeitung, Bremerhaven)

Die BREMEN nach Ihrem Verkauf

Im Oktober 1971 hatte Hapag-Lloyd bekanntgegeben, ihr Passagierschiff BREMEN werde den Liniendienst als „Weihnachtsschiff" nach 175 Nordatlantiküberquerungen beenden und nach ihrer Rückkehr von New York nach Bremerhaven über Silvester nur noch eine Abschiedsreise absolvieren, die letzte von 117 Kreuzfahrten. Die BREMEN sei an die griechische Reederei Chandris verkauft und werde im Januar 1972 von ihr übernommen, teilte Hapag-Lloyd mit. Seit dem 9. Juli 1959 war die BREMEN als Flaggschiff für den Norddeutschen Lloyd gefahren, ab dem 1. September 1970 für Hapag-Lloyd.

Am Abend des 21. Januar 1972 verließ die BREMEN Bremerhaven für immer – bereits unter ihrem neuen Namen REGINA MAGNA. Obwohl sie in einem technisch ordentlichen Zustand und

Auf dem Weg von Bremerhaven nach Piräus, bereits unter ihrem neuen Namen REGINA MAGNA. (Archiv Nordsee-Zeitung)

nach gründlicher Einweisung des griechischen Maschinenpersonals durch die erfahrenen Turbinenexperten des NDL übergeben wurde, gab es von Anfang an erhebliche Probleme im Antrieb. Mehr schlecht als recht machte die REGINA MAGNA noch bis 1974 Kreuzfahrten meist im Mittelmeer. Als ihre Hauptmaschinen nach häufigen Ausfällen von den Griechen gar nicht mehr beherrscht werden konnten, wurde die frühere BREMEN in Piräus aufgelegt. Damit stand fest, dass sie nie wieder fahren würde. Erst 1977 fand Chandris einen Käufer für die REGINA MAGNA. Unter ihrem neuen Namen SAUDI PHIL 1 wurde sie als künftiges Wohnschiff für Arbeiter nach Jeddah in Saudi-Arabien geschleppt. Dort begann nun das letzte Kapitel des früheren Passagierschiffs BREMEN. (Harald Focke)

Die REGINA MAGNA 1974 vor Barbados. (Chandris)

In Piräus wartet die REGINA MAGNA auf einen Interessenten. (Slg. Focke)

Am Kai in Jeddah. (Slg. Peter Kamp)

„Mein" Minister wusste, dass auch die Pier, an der die ex-BREMEN lag, dringend gebraucht wurde, um die boomenden Importe abzufertigen. Deshalb ließ er in der Wüste direkt hinter dem Hafenzaun für 3000 Hafenarbeiter Wohnungen bauen. Als diese nach viereinhalb Jahren bezugsfertig waren, siedelten die Philippiner vom Schiff dorthin um. Die Wohnanlage verfügte über eine bessere Infrastruktur als so manche Kleinstadt in Deutschland, etwa über ein gut ausgestattetes Krankenhaus mit philippinischen Ärzten und anderem medizinischen Personal wie schon auf der SAUDI PHIL 1.

Der Umzug der Arbeiter vom Schiff an Land kam einer Völkerwanderung gleich. Er zog sich einige Zeit hin. Eines Morgens war SAUDI PHIL 1 nicht mehr da, die Pier war leer. Wieso ich als der persönliche Berater des zuständigen Ministers davon vorab keine Kenntnis erhalten hatte, blieb mir bis heute verborgen. Später wurde bekannt, dass die frühere BREMEN auf dem Wege zu einer Abwrackwerft in Taiwan am 9. Juni 1980 im Golf von Aden in sehr tiefem Wasser versunken war.

Danach schossen Spekulationen ins Kraut. Die oft zu hörende Begründung, dass der Rumpf wegen undichter Verschlüsse vollgelaufen war, hielt und halte ich nach wie vor für unwahrscheinlich. Aus eigener Kapitänserfahrung mit dem Schleppen manövrierunfähiger großer Bohrinseln in der Nordsee und im Atlantik in stürmischer See weiß ich, was da alles passieren kann. Defekte Verschlüsse gehören allerdings nicht dazu.

Selbst wenn die Schlepperbesatzung aus einer eigenen Notlage heraus die Schleppverbindung hätten lösen müssen, wären vorsorglich andere Maßnahmen nötig gewesen.

Interessant zu wissen wäre, ob das Mindeste und Einfachste unternommen wurde: Nämlich die beiden Buganker zur Gänze auszufieren. Die frühere BREMEN verfügte mit Sicherheit über je zwölf bis 15 Schäkel Kette (300 bis 375 Meter), die gewirkt hätte wie ein Treibanker, der verhindert, dass geschleppte Schiffe querschlagen. Zu vermuten ist, dass auf dem geschleppten Schiff entgegen jeder Vernunft und Praxis kein Schlepp-Personal zur ständigen, das heißt 24-stündigen Aufsicht der Leinen postiert gewesen ist.

Wenn das Schiff von nur einem Schlepper wie ein Lämmerschwanz gezogen wird, dann verhält es sich auch so. Wie wollten die damit durch die Malakka-Straße fahren? Oder wollten sie das gar nicht? Ich jedenfalls hätte einen solchen Schleppzug auf gar keinen Fall so auslaufen lassen.

Die andere Vermutung, die alte BREMEN sei vorsätzlich versenkt worden, um den Versicherungsbetrag für den Totalverlust zu kassieren, mag ich ebenfalls nicht glauben.

Für mich bleibt als Erklärung nur die Vermutung, dass die Schleppzugbesatzung nicht über die notwendige Qualifikation und Erfahrung bei stürmischer See verfügte. Versicherungstechnisch werden solche Verluste unter „menschliches Versagen" verbucht. Auch weiß ich aus eigener Erfahrung, dass der Indische Ozean sehr stürmisch sei kann.

Etwa zur selben Jahreszeit war ich später einmal mit einem Autotransporter in der Gegenrichtung unterwegs. Wir hatten Windstärke 12. Trotzdem bin ich da heile durchgekommen ohne Schäden am Schiff und der Ladung nagelneuer PKW aus Japan für Süd- und Nordeuropa.

Im Juni 1980 sank die ehemalige BREMEN nunmehr unter ihrem letzten Namen FILIPINAS-SAUDI 1 im Arabischen Meer. (Schepers/Slg. Gerd-F. Oetker)

Safmarine & Co.: Schifffahrt am Tafelberg

Aufstieg und Niedergang einer südafrikanischen Reederei

▷ Detlef Hechtel

Südafrika ist mit Abstand das am stärksten industrialisierte Land des Kontinents mit einer exportorientierten und leistungsfähigen maritimen Wirtschaft. Fast 90 Jahre lang prägte die Safmarine mit ihren modernen Handelsschiffen das äußere Erscheinungsbild des Landes auf allen Meeren und in vielen Häfen der Welt.

Die für Safmarine 1984 in Odense gebaute und 40.238 BRZ große SAFMARINE VICTORY auf der Elbe 2002. (Archiv OCEANUM/Heino Sumfleth)

P&O
SAFMARINE VICTORY

Stückgut, Passagiere und Container

Untrennbar mit der Schifffahrtsgeschichte der Kap-Region verbunden ist die von amerikanischen und britischen Geschäftsleuten ins Leben gerufene South African Marine Corporation (Safmarine) in Kapstadt. Mit nur sieben Mitarbeitern begann das Unternehmen 1946 seine Tätigkeit. Bemerkenswert: Als ihren ersten Direktor berief es Sir Arthur Harris, den früheren Luftmarschall des Vereinigten Königreichs, der während des Zweiten Weltkrieges das Bomber Command der Royal Air Force führte und die Luftangriffe auf das Deutsche Reich koordinierte. Offenbar bedurfte es befehlsgewohnter Persönlichkeiten, um gegen das seit Jahrzehnten vorhandene „Quasi-Monopol" britischer Schifffahrtslinien in der Afrikafahrt bestehen zu können.

Zu Beginn begnügte sich die Reederei mit Charter-Tonnage, bis das Direktorium beschloss, eigene Stückgutfrachter zu erwerben, um auch als südafrikanisches Unternehmen auf dem

Luftmarschall Arthus Harris 1943. (William Timym)

SOUTH AFRICAN (S.A.) MERCHANT im Ärmelkanal. (FotoFlite)

Weltmarkt wahrgenommen zu werden. In den USA kaufte es drei sogenannte Victory-Schiffe, die SS WESTBROOK VICTORY, SS WESTERLY VICTORY und SS BERN VICTORY. Diese „Veteranen" fuhren als SS VERGELEGEN, SS MORGENSTER und SS CONSTANTIA zwischen den USA, Großbritannien und Südafrika. 1961 erfolgte eine abermalige Namensänderung in SOUTH AFRICAN VENTURE, SOUTH AFRICAN VICTORY und SOUTH AFRICAN VANGUARD, der Zusatz South African – später auf S.A. verkürzt – wurde zum typischen Markenzeichen am Bug und Heck aller Schiffe der Safmarine.

Die Indienststellung der 1954 auf einer Werft in Glasgow gebauten SOUTH AFRICAN (S.A.) MERCHANT war für die Reederei ein großer Tag. Der 9500 BRT große Stückgutfrachter war der erste von fünf baugleichen Typen und diente zusätzlich als Schulschiff für den nautischen Nachwuchs – die Schifffahrtslinie investierte in die Zukunft. 1959 stieg die staatliche „Industrie-Entwicklungsgesellschaft Südafrika" in das Unternehmen ein und startete ein beeindrucken-

RMS PRETORIA CASTLE, die spätere S.A. ORANJE, auf dem Weg nach Southampton. (Sydney Oats/Wikimedia)

MV MARLAND, gebaut 1958 und mit 26.680 BRT vermessen im Ärmelkanal. (FotoFlite)

des Neubauprogramm, das drei Kühlschiffe, acht Stückgut- und fünf Massengutfrachter sowie den Ankauf von drei Secondhand-Schiffen umfasste. Unter großer öffentlicher Wahrnehmung erwarb die Safmarine 1966 von der Union Castle Line zwei Fahrgastschiffe, die S.A. VAAL (ex RMS TRANSVAAL CASTLE) mit 32.700 BRT und einer Länge von 232 m vermessen und die etwas ältere S.A. ORANJE (ex RMS PRETORIA CASTLE). Die Liner fuhren auf der Route Southampton–Las Palmas–Kapstadt–Port Elizabeth–East London–Durban und boten Platz für 730 Passagiere bei 430 Besatzungsmitgliedern. Beide Schiffe führten die Flagge Südafrikas, die Offiziere und Mannschaften stellte weiter die Union Castle Line. Die Investition schien sich zu lohnen: Der Passagierdienst auf dem Seeweg Afrika war in den 1950er- und 1960er-Jahren gefragt wie nie zuvor. Auf 187 Reisen beförderte z. B. die S.A. ORANJE über 250.000 Fahrgäste. Doch zu Beginn der 1970er-Jahre zeigten sich erste Risse: Die S.A. ORANJE schrieb tiefrote Zahlen; das Schiff wurde aufgelegt und danach verschrottet.

Auch die Tage der S.A. VAAL waren gezählt, obwohl sie noch 1969 den Heimathafen Kapstadt erhielt und in das dortige Schiffsregister eingetragen wurde. Die überwiegend britische Besatzung ersetzte die Reederei jetzt durch Südafrikaner. Zu Beginn der 1970er-Jahre fuhr dieses Schiff aber nur noch Verluste ein. Die neue Möglichkeit, einen Non-Stop-Flug von Europa nach Johannesburg zu buchen, bot eine unschlagbare Alternative zur langen Seereise. Ende 1977 gaben sowohl die Union Castle als auch die Safmarine die Linienfahrt nach Südafrika vollständig auf. Die S.A. VAAL wechselte danach mehrmals ihren Besitzer, lag drei Jahre lang auf und wurde schließlich 2003 in Indien abgebrochen.

Von 1966 an stieg Safmarine in das Transportgeschäft mit Rohöl ein und bereederte beispielsweise die 42.500 Tonnen tragende MARLAND. Die am Horizont scheinbar gemächlich dahinziehenden Tanker gehörten schon lange zum gewohnten Anblick der Menschen am Tafelberg, und es schien nur eine Frage der Zeit, bis es hier zu einem Unglück mit großen Um-

Hochseeschlepper S.A. WOLRAAD WOLTEMADE. (Gemälde von Peter Bilas, Kapstadt)

weltschäden kommen würde: Die unter der liberianischen Flagge fahrende WAFRA verließ am 12. Februar 1971 den saudi-arabischen Ladehafen Ras Tanura im Persischen Golf mit etwa 64.000 Tonnen Rohöl und nahm Kurs auf die Südspitze Afrikas. Als der tief abgeladene Tanker am 27. Februar vor Cape Agulhas stand, kam es zu einem Maschinenschaden, der das Schiff steuerunfähig machte. Die Besatzung des sich in der Nähe befindlichen russischen Tankers GDYNIA erkannte die Notlage und versuchte eine Schleppverbindung herzustellen, doch gab dies der Kapitän bald auf. Es gelang nicht, das treibende Schiff von der Küste wegzuziehen, die Trossen brachen. Einen Tag später lief die WAFRA auf ein Riff und schlug leck. Rohöl lief aus und verschmutzte die Strände. Südafrika war damit erstmals mit den Folgen einer Ölkatastrophe konfrontiert. Am 8. März barg der deutsche Schlepper OCEANIC die WAFRA schließlich vom Riff und zog sie etwa 200 Seemeilen nach See hin. Am 10. März feuerten Jets der South African Air Force Raketen auf das Schiff, um es zum Sinken zu bringen, was aber nicht glückte. Der Tanker brannte noch zwei Tage, bis es schließlich gelang, ihn mit weiteren Sprengsätzen endgültig zu versenken. Aufgeschreckt durch diese Umweltverschmutzung gab das Transportministerium in Johannesburg den Bau von zwei Schleppern in Auftrag, die die Safmarine über ihre Firma „Saftug" bereedern sollte. Die 2822

S.A. WINTERBERG, Cape Point passierend. (Gemälde von Peter Bilas, Kapstadt)

BRT große S.A. WOLRAAD WOLTEMADE lief im April 1976 bei Robb Caledon Shipbuilders Ltd in Leith/UK vom Stapel. Ein halbes Jahr später stellte Saftug die nach dem Polarforscher getaufte, fast baugleiche S.A. JOHN ROSS in Dienst. Beide Notfallschlepper gehörten zu den stärksten der Welt und bezogen ihre Wachpositionen vor der Küste.

Von Mitte der 1970er-Jahre an erfasste die Einführung des Containers auch die Safmarine. Ihre zahlreichen Konsortien mit Schifffahrtlinien, wie z. B. der Deutschen Ost-Afrika-Linie, kamen nun hinsichtlich ihres aus konventionellen Stückgutfrachtern zusammengesetzten Flottenbestandes auf den Prüfstand. Reedereien und die landseitigen Hafenbetriebe sowie die Anbindungen an das Hinterland über feste Straßen und ein belastbares Eisenbahnnetz mussten mit der Containerisierung der Transportbranche weltweit Schritt halten können – riesige Investitionen flossen in die Infrastruktur der Häfen und Schiffsneubauten. Zwischen 1977 und 1979 brachte Safmarine vier 2500-TEU-Container, die „Big Whites", in Fahrt: Die mit etwa 53.000 BRT großen S.A. HELDERBERG, S.A. SEDERBERG, S.A. WINTERBERG und die S.A. WATERBERG.

Die Geschäfte für die Reederei liefen prächtig, und die Direktoren glaubten sogar, neue Märkte für die Zukunft erschließen zu können. Sie kauften 1984 von der Hamburger Reederei Hadag das Kreuzfahrtschiff ASTOR. Nach umfangreichen Änderungen sollte das Schiff zwischen Southampton und Kapstadt verkehren und/oder von Südafrika und dem Vereinigten Königreich zu Kreuzfahrten auslaufen. Doch die ASTOR stellte sich für fahrplanmäßige Rundreisen als zu langsam heraus. Indes, die Safmarine gab sich hartnäckig und erteilte der Howaldtswerke-Deutsche-Werft AG in Kiel den Auftrag, ein baugleiches Schiff abzuliefern, das sie ebenfalls ASTOR taufte. Die „alte" ASTOR verkaufte sie unter Vermittlung der Deutschen Afrika-Linien an die Deutsche Seereederei in Rostock, die das Schiff in ARKONA umbenannte. Die ASTOR der Safmarine brachte dem Unternehmen kein Glück und sie gab 1986 diesen Geschäftszweig auf. Eine bizarr anmutende Episode, die sich nahtlos in die nun folgenden „turbulenten" Jahre einfügte, die die Reederei am Kap der Guten Hoffnung erfassen und die zu nachha tigen Veränderungen führen werden. Mit den immer größer werdenden Mega-Containerschiffen konnten die Big Whites kaum noch mithalten, so dass Safmarine sie nach und nach bis 2008 in Asien verschrotten ließ. Unter dem Druck hoher Kosten für Investitionen und dem Erscheinen asiatischer, überwiegend chinesischer Großreedereien, kam es zu Firmenfusionen. Die Safmarine übernahm 1996 die belgische CMB (Compagnie Maritime Belge). Drei Jahre später traf es den Global Player aus Kapstadt selbst, denn seine Flotte ging vollständig in die Maersk Linie über. Seit 2020 gibt es Safmarine als eigenständige Schifffahrtslinie nicht mehr.

Seefahrernation Südafrika

Die Republik Südafrika ist das am stärksten industrialisierte Land des schwarzen Kontinents

MS ASTOR, hier als Saga Perl II. (Tobias Gerken)

mit einer exportorientierten Wirtschaft, die ihre Erzeugnisse wie Autos, Obst und Wein, Textilien sowie Eisenerze, Nickel, Mangan, Kohle und Chrom zu den Seehäfen nach Kapstadt, Durban, East London, Port Elizabeth oder Richards Bay zur Verschiffung bereitstellt. Trotz zahlreicher Boykottaufrufe gegen Südafrika in der Vergangenheit ist es stets gelungen, der internationalen Seeschifffahrt eine sichere Umrundung der stürmischen Südspitze Afrikas zu gewährleisten und leistungsfähige Häfen zu betreiben. Dieses vielfältige, maritime Engagement zeigt sich auch in einer aktiven Meeres-, Polar- und Fischereiforschung, die sich auf eine lange Tradition berufen kann: Schon 1931 untersuchte beispielsweise die AFRIKANA, ein ehemaliger Seitenfänger, systematisch die Fischbestände im Südatlantik und im Indik. Das Nachfolgeschiff gleichen Namens wurde erst 1982 durch die jetzige AFRIKANA III abgelöst. Die Teilnahme an antarktischen Forschungsprogrammen machte ein für diese rauen Gewässer geeignetes Fahrzeug notwendig. Im September 1977 lief auf der Werft Mitsubishi in Shimonoseki/Japan die S.A. AGULHAS vom Stapel, ein Eisbrecher mit 40 Mann Besatzung, der 98 Wissenschaftlern Platz bot. Eingesetzt wurde er zu den südafrikanischen Forschungsstationen in der Antarktis sowie zu Wetterstationen auf der Marion- und der Gough-Insel im Indik und im Südatlantik. Er diente außerdem als Zubringer für Fracht und Passagiere zur Insel Tristan da Cunha.

Als die Regierung die Mittel für ein neues Forschungsschiff bereitstellte, wurde die S.A. AGULHAS für die South African Maritime Safety Authority zu einem Ausbildungsschiff für südafrikanische und gelegentlich für Offizie-

Hafen von Kapstadt, im Vordergrund das Ausbildungsschiff S.A. AGULHAS der Safmarine. (SkyPixels/Wikimedia)

Eisbrecher S. A. AGULHAS in der Antarktis. (Gemälde von Peter Bilas, Kapstadt)

re auch aus westafrikanischen Ländern umgerüstet; stolz prangte der weiße Schriftzug „Training" auf beiden Seiten des Schiffes. Da der seemännische Personalbedarf Südafrikas kaum ausreichte, musterten viele ausländische Patentinhaber an, die meist aus Großbritannien oder aus den Niederlanden stammten; die Mannschaften stellten die Volksgruppen der Zulus und die der sogenannten „Cape Coloured" aus der Kap-Region. Dies änderte sich mit dem Ende des Apartheit-Regimes, als die Laufbahnen allen ohne Diskriminierung offenstanden. (Nachdem die Maersk-Gruppe die Safmarine vollständig übernommen hatte, gab sie bekannt, dass sie keine Offiziere mit südafrikanischen Patenten mehr beschäftigen und nur noch Seeleute aus Asien bevorzugt einstellen wird.) Die nach neuesten Erkenntnissen gebaute und 2012 in Dienst gestellte S.A. AGULHAS II erhielt Laboratorien, die durch zusätzliche Container an Deck noch erweitert werden konnten. Mit 13.000 BRZ und einer Länge von 134 Metern vermessen, gelang es der finnischen Werft in Rauma, ein Schiff zu konstruieren, das sich der Aufmerksamkeit der Fachwelt sicher sein durfte. Als es Nautikern und Wissenschaftlern des Eisbrechers gelang, die 1905 gesunkene ENDURANCE des britischen Polarforschers Ernest Shackleton in 3000 Metern Tiefe im Südpolarmeer zu orten, galt dies als besonderer Nachweis der maritimen und ozeanografischen Kompetenz des Landes, das auf eine lange Tradition zurückblicken kann.

Nach 1945 erlangte die Seeroute um die Südspitze des Kontinents einen ähnlichen Einfluss auf das Weltgeschehen wie der Suez- oder Panamakanal. Den in ihren Dimensionen gewaltigen Supertankern mit bis zu 550.000 Ladetonnen war der Weg durch den Suez ins Mittelmeer versperrt und sie mussten Cape Point runden, wenn sie vom Persischen Golf kamen und ihre wertvolle Ladung in den USA oder Europa löschen sollten. Werften, Reparaturbetriebe und Schiffshändler stellten sich auf diesen Verkehrsfluss ein. Sie boten z. B. ein Trockendock oder Firmen für Unterwasserarbeiten am Schiffkörper an. Die Versorgung mit Post, Frischproviant und Ersatzteile oder ein Wechsel der Besatzung (Crew-Change) für die das Kap passierenden Tanker ließ sich problemlos organisieren und mit Helikoptern oder Tendern durchführen. Ein zusätzlicher Aufschwung für die Wirtschaft der Region ergab sich durch die Schließung des Suezkanals 1956 sowie zwischen 1967 und 1975, als der Asienverkehr von und nach Europa Afrika umrunden musste. Die Kapitäne trafen auf ein kompetentes Lotsenwesen, wachsame Rettungseinrichtungen, Seezeichen, Tonnen oder eine Decca-Kette sowie auf Küstenfunkstellen, die z. B. Wetter- und Navigationswarnungen ausstrahlten und Verbindungen in das weltweite Telefon-, Telegrafen und Telex-Netz herstellten. Seit Januar 2007 ist das Maritime Rescue Coordination Centre Capetown für SAR-Einsätze in den Seegebieten Angola, Namibia, Mosambik, Madagascar und Komoren zuständig.

Leuchtfeuer East London. (Bluff/Wikimedia)

Die gesamte staatliche maritime Infrastruktur des Landes erfüllt vorbehaltlos alle Anforderungen des internationalen Schiffssicherheitsvertrages sowie alle SOLAS- und MARPOL-Regelungen in der jeweils gültigen Fassung. Doch die ehemals eindrucksvolle Handelsflotte der Republik Südafrika wird gegenwärtig vorwiegend unter fremder Flagge betrieben und folgt damit dem Vorbild vieler europäischer Seefahrer- und Industrienationen. Dies führte zu einem massiven Verlust qualifizierter Arbeitsplätze und seemännischem Know-how. Davon unberührt bleibt der Auftrag der Regierung für die

Die Fregatte SAS SPIOENKOP der südafrikanischen Marine wurde 2003 bei Blohm + Voss Hamburg vom Stapel gelassen. Heimathafen ist Simonstown. Von Dezember 2013 bis Mai 2014 nahm sie u.a. an einer Anti-Piraten-Mission im Mosambik-Kanal teil. (Archiv OCEANUM/ Heino Sumfleth)

South African Navy, für den Schutz der Seewege vor den Küsten des Landes zu sorgen. Darüber hinaus beteiligt sich die Navy am Kampf gegen die Piraterie und illegale Fischerei. Bei SAR-Einsätzen stellt sie Personal, Schiffe oder Flugzeuge zur Verfügung. Ihre Fregatten, Untersee- und Patrouillenboote stammen meist von deutschen Werften. Etwa 7000 Männer und Frauen dienen heute in den Seestreitkräften und arbeiten eng mit der NATO sowie anderen westlichen und demokratisch legitimierten Bündnissen zusammen. Gemeinsame Manöver z. B. mit der Deutschen Marine sowie gegenseitige Besuche fördern die Verständigung und den Austausch von Informationen.

Ein Welthandel ohne sichere maritime Verkehrsverbindungen ist nicht durchführbar. Die die internationale Schifffahrt einstmals beherrschenden europäischen Reedereien müssen sich heute mit Unternehmen aus China, Taiwan, Japan oder Südkorea messen. Dabei darf nicht übersehen werden, dass der Seeweg um die Südspitze Afrikas wegen seiner strategischen Bedeutung, aber auch seiner Verletzlichkeit, für den Warenaustausch und der Produktion sowie der sie stützenden globalen Lieferketten keine Unterbrechungen zulässt. Deshalb verdient er die dauerhafte Wertschätzung, Aufmerksamkeit und den Schutz der internationalen Gemeinschaft.

MEHR ZUM THEMA

Seeweg Afrika. Entdecker, Sklaven, Kolonien, Reedereien.
Von Detlef Hechtel. Mit zahlr. farbigen Abbildungen, 21 x 26,5 cm, gebunden, Band in Vorbereitung, www.oceanum.de

Förderverein Deutsches Schiffahrtsmuseum e.V.

BREMER HANSE-KOGGE

Wir laden Sie herzlich ein ...

- zum freien Eintritt in das Museum, die Sonderausstellungen und die Museumsschiffe (ausgenommen „U-Boot Wilhelm Bauer“)
- zu den Veranstaltungen des Museums
- zu den Vereinsaktivitäten im Rahmen der jährlichen Mitgliederversammlungen
- zum kostenlosen Bezug der 2x jährlich erscheinenden Zeitschrift „Deutsche Schiffahrt“
- zum Vorzugskauf (mit 10% Ermäßigung) der Publikationen des DSM

Jetzt Mitglied werden

Mit Ihrem Vereinsbeitrag und Ihrer Spende helfen Sie z.B. bei der Finanzierung von wissenschaftlichen Arbeiten, dem Ausbau musealer und technischer Einrichtungen sowie der Bildungs- und Öffentlichkeitsarbeit und insbesondere der Erhaltung der Sammlungsgegenstände und Exponate des Museums.

Förderverein Deutsches Schiffahrtsmuseum e.V.
Hans-Scharoun-Platz 1
27568 Bremerhaven
T 0471 48207-0
F 0471 48207-55
fv@dsm.museum
www.dsm.museum

Beitrittserklärung

Mitgliedschaft online beantragen: www.dsm.museum/foerdern

Ja, ich/wir möchte/n Mitglied werden im Förderverein Deutsches Schiffahrtsmuseum e.V. und überweise/n den Jahresbeitrag als

- ☐ Einzelmitglied 20,- Euro
- ☐ Ehepaar 28,- Euro
- ☐ Familienmitgliedschaft inkl. 4 Kindern bis 16 Jahre 35,- Euro
- ☐ Rentner*in, Schüler*in, studierend, schwerbehindert, erwerbslos (bitte unterstreichen) 10,- Euro
- ☐ Rentnerehepaar 20,- Euro
- ☐ Juristische Person 100,- Euro

auf unser Konto bei der
Weser-Elbe Sparkasse
IBAN DE59 2925 0000 0003 4352 10
BIC BRLADE21BRS
(Beiträge und Spenden werden steuerlich begünstigt.)

Name, Vorname

Straße

PLZ/Ort

Telefon

E-Mail

X

Datum, Unterschrift

Datenschutzhinweis: Mit meiner/unserer Unterschrift(en) erteile(n) ich/wir die Einwilligung in die Speicherung, Verarbeitung und Weitergabe meiner/unserer personenbezogenen Daten. Die Verarbeitung der Daten erfolgt ausschließlich zum Zwecke der Mitglieder- und Beitragsverwaltung sowie zum Versand der Vereinszeitschrift und von Informationen des Deutschen Schifffahrtsmuseums.

Übung für den Seenotfall

Trainingsschiff der Deutschen Gesellschaft zur Rettung Schiffbrüchiger

▷ Ulf Kaack (Text) und Manuel Miserok (Fotos)

Lackiert ist die CARLO SCHNEIDER in Rot, Weiß und Schwarz, den Farben der Dienstflagge der deutschen Seenotretter. Doch die DGzRS setzt dieses Schiff nicht im maritimen Such- und Rettungsdienst ein – es handelt sich um das Flaggschiff ihrer Trainingsflotte.

Schwimmendes Übungsgerät: CARLO SCHNEIDER beim Training auf der Nordsee.

Die Formensprache der CARLO SCHNEIDER hat – ebenso ihr knallrot lackierter Rumpf – wenig gemeinsam mit der elegant-dynamischen Linienführung der DGzRS-Seenotrettungskreuzer. Kein Wunder, handelt es sich hierbei um ein Trainingsschiff, das ausschließlich für Ausbildungszwecke eingesetzt wird. Rund 1000 freiwillige und festangestellte Rettungsmänner sind für den SAR-Dienst auf mehr als 50 Stationen in der Nord- und Ostsee rund um die Uhr einsatzbereit. Jedem einzelnen wird dabei ein Höchstmaß an persönlichem Engagement und fachlicher Qualifikation in vielen verschiedenen Bereichen abgefordert. Um einen an dieser Stelle durchgängig hohen Standard sicherzustellen, hat die DGzRS den Bereich Ausbildung seit der Gründung ihres ersten Trainingszentrums vor über 25 Jahren konsequent ausgebaut und inhaltlich präzisiert. 2019 fasste die Gesellschaft ihre Ausbildungsstrukturen in der sogenannten Seenotretter-Akademie zusammen, wobei die gewählte Bezeichnung in diesem Zusammenhang nicht als wissenschaftliche Forschungsstätte, sondern allenfalls als Fachschule verstanden werden darf.

Die Ausbildungsinstitution der deutschen Seenotretter basiert auf mehreren Säulen: dem Trainingszentrum in Neustadt an der Lübecker Bucht mit den Einrichtungen der Deutschen Marine und der Bundespolizei See, der DGzRS sowie externen Partnern, der Seemannsschule Schleswig-Holstein und den Spezialisten der Firma OffTEC in Sande beispielsweise. Hinzu kommen das Simulatorzentrum für taktische Schulungen in der DGzRS-Zentrale in Bremen, die elektronische Lernplattform für den SAR-Dienst namens ELSAR sowie die aus mehreren Übungseinheiten bestehende Trainingsflot-

22 Meter langer Klassenraum: das DGzRS-Trainingsschiff in der Lübecker Bucht, einlaufend Neustadt/Holstein.

te. In der Regel liegen die zur Ausbildung genutzten Fahrzeuge direkt am Trainingszentrum Neustadt. Sie werden seit 2021 von der CARLO SCHNEIDER als tragendem Element ergänzt. Das Trainingsschiff-Konzept eröffnet im Bereich Aus- und Fortbildung eine ganze Reihe neuer Möglichkeiten und ein hohes Maß an Flexibilität.

Einem drohenden Personalmangel vorbeugend, erkannte man bei der DGzRS rechtzeitig, dass der Zulauf von erfahrenen Seeleuten aus der Berufsschifffahrt und beispielsweise aus der Fischerei für die Zukunft nicht mehr als selbstverständlich angesehen werden kann. Dies betrifft neben den hauptberuflichen Seenotkreuzer-Crews auch die Mannschaften auf den etwa 40 Freiwilligenstationen. Interessenten sind durchaus in ausreichender Anzahl vorhanden, wobei auf die festangestellten Seenotretter eine interne Laufbahnausbildung zu deren Qualifikation für SAR-Aufgaben speziell zugeschnitten wurde.

Was muss man als Besatzungsmitglied auf einem Seenotkreuzer oder einem der kleineren, küstennah operierenden Seenotrettungsboote beherrschen? – Da ist zum einen das reine „Handwerk" mit klassischer Seemannschaft, Navigation, Manöver-, Wetter- und Revierkunde, Arbeitsschutz und der jährlichen medizinischen SAR-Ersthelferausbildung. Ergänzend kommt die rettungsdienstliche Komponente unter Einbeziehung der speziellen, auf See zu berücksichtigenden Besonderheiten hinzu. Zum anderen ist es das routinierte Beherrschen der jeweiligen DGzRS-Einheit, beginnend bei

Die DGzRS-Trainingsflotte

Neben dem Trainingsschiff CARLO SCHNEIDER besteht die Trainingsflotte der Seenotretter in Neustadt/Holstein aus dem 8,9 Meter langen und bis zu 38 Knoten schnellen Festrumpfschlauchboot CHRISTOPH LANGNER, Baujahr 2022, dem 10,1 Meter langen Trainingsboot MERVI, Baujahr 2018, und dem 9,4 Meter langen Seenotrettungsboot WALTER ROSE, Baujahr 2003. Je nach Bedarf werden auch das als „Springer" ohne feste Station eingesetzte Seenotrettungsboot HANS INGWERSEN oder Rettungseinheiten benachbarter Stationen an der Lübecker Bucht für die praktische Aus- und Fortbildung auf See herangezogen.

→ www.seenotretter.de/crews-stationen/trainingszentrum

Zwei 200 PS Yamaha-Außenbordmotoren treiben diesen jüngsten Neuzugang in der DGzRS-Trainingsflotte an.

der Rettungs-, Schlepp- und Lenztechnik, der medizinischen Ausrüstung, der eigenen Motorenanlage, dem allgemeinen Ship-Handling sowie den Navigations- und Kommunikationssystemen auf der Brücke. Teamarbeit ist die unverzichtbare Grundlage des Handelns an Bord, so bilden alle Retter in ihrer Summe das gesamte Qualifizierungs-Spektrum ab – und gerade deshalb muss sich jeder auf seiner Position sicher fühlen. Verschiedene Lehrgänge bilden verschiedene Bausteine innerhalb der modular strukturierten Ausbildung ab.

Mit der „Schulschute" auf Tour

Einige dieser Komponenten können in Theorie und Praxis auch auf der CARLO SCHNEIDER vermittelt werden. Vom Charakter her ist das Trainingsschiff ein seegehendes Internat, von der Crew liebevoll auch „die kleine Schulschute" genannt. Gebaut ist es als konventioneller Verdränger mit Stahlrumpf: 22 Meter lang und sechs Meter breit, mit 1,60 Metern Tiefgang und einer Verdrängung von 110 Tonnen. Zwei turboaufgeladene Cummins-Sechszylinder QSB6.7 CM2250 mit jeweils 6,7 Litern Hubraum und 304 PS Leistung (224 kW) ermöglichen eine maximale Geschwindigkeit von 11 Knoten. Diese Maschinen sind nahezu baugleich mit denen, die auf den neueren Seenotrettungsbooten der 10,1-Meter-Klasse verbaut sind. Das ermöglicht an Bord der CARLO SCHNEIDER auch die technische Aus- und Fortbildung der Maschinisten. Hinter der normalen

Das ca. 4 Meter lange Beiboot der CARLO SCHNEIDER kann bei Übungen als zu suchendes Objekt genutzt werden, wie hier in Wilhelmshaven.

Sichern, Schleppen, Längsseitsgehen: Manövertraining im Ostseeresort Olpenitz mit dem Seenotrettungsboot einer von Freiwilligen besetzten Station.

Brücke befindet sich ein komplett ausgestatteter Brückenarbeitsplatz für Übungszwecke, ein weiterer im Schulungsraum. Hier ist jeweils die komplette Konsole eines Seenotrettungsbootes installiert, auf denen Realszenarien – beispielsweise in schwerer See, nachts, im Nebel, im Zusammenspiel mit Havaristen und anderen SAR-Einheiten – gefahren werden können. Festangestellte Trainer mit praktischer Erfahrung im Einsatzdienst – Nautiker und Techniker – bilden wechselschichtig die Besatzung der CARLO SCHNEIDER. Unterstützt werden sie von einer kleinen Gruppe von Stationsausbildern und sogenannten Flottentrainern. Bis zu acht Seenotretter können an Bord untergebracht werden. Hinsichtlich der für das Training erforderlichen Ausrüstung – von der Mullbinde über den Feuerlöscher bis zum Radargerät – ist das Schiff für alle Situationen bestens gewappnet.

Seit seiner Taufe und Indienststellung im September 2021 hat das auf der Schiffswerft Hermann Barthel in Derben an der Elbe für rund 3 Millionen Euro gebaute Schiff an mehreren Such- und Rettungsübungen in der Ost- und Nordsee teilgenommen und zahlreiche stationsbezogene Trainingseinheiten durchgeführt. Ein Vorteil der dezentralen Ausbildung liegt darin, dass die Besatzungen in der Komfortzone ihres heimischen Reviers und – zusammen mit der CARLO SCHNEIDER – auf ihrem eigenen Einsatzfahrzeug üben. Auf dem Lehrplan der achtstündigen Stationstrainings stehen Inhalte wie Begriffskunde der Seemannschaft, Knotenkunde, der praktische Umgang mit Wurf- und Festmacherleinen sowie deren Anwendung im Manöverbetrieb, Theorie und Praxis der Arbeiten mit Schleppgeschirr sowie die bord-interne Kommunikation. Als Lernort ist die CARLO SCHNEIDER Hörsaal und praktisches Trainingsobjekt zugleich, sie eignet sich als Havaristen-Darsteller für die in der rettungsdienstlichen Praxis häufig durchgeführten Manöver wie Schleppen, Bergen oder Längsseitsgehen. Das Lehren geschieht dabei wechselseitig in beide Richtungen: Gegenseitiges Voneinander-Lernen und ein Erfahrungsaustausch zwischen den Ausbildern und den Seenotrettern vor Ort kennzeichnen die Trainings-Atmosphäre. Ganz nebenbei, aber durchaus beabsichtigt, wird auf diesem Weg das Fachwissen des Seenotretter-Handwerks gesammelt, konserviert und verbreitet.

In einer gewöhnlichen Arbeitswoche ist der Alltag an Bord der CARLO SCHNEIDER derart organisiert, dass am Donnerstag- und Freitagnachmittag die erste Teilnehmergruppe der jeweiligen Rettungsstation ihr Training absolviert, am Samstag und Sonntag – jeweils ganztägig – sind zwei weitere Trainingsgruppen an der Reihe. Am Montag und Dienstag erledigt die Besatzung die Trainingsnachbereitung sowie weitere administrative, technische oder nautische Aufgaben und widmet sich dem Reinschiff.

Üblicherweise finden mittwochs die Fahrt zu einem anderen DGzRS-Stützpunkt und dort die stationsinterne Vorbesprechung der folgenden Trainingstage statt. Es ist vorgesehen, diese Routine zukünftig hin und wieder durch einwö-

Gut getroffen: Vom Tochterboot aus wird mittels der Wurfleine eine Schleppverbindung hergestellt.

chige Trainingsreisen zu durchbrechen. Inhaltliche Bestandteile dieses Ausbildungsangebots sind unter anderem die Planung und Dokumentation einer Seereise inklusive Wetterkunde, die Ausrüstung des Schiffs vor Reiseantritt, sicheres Manövrieren und Navigieren bei Tag und bei Nacht sowie die Führung der Crew. „Wer aufhört, besser zu werden, hat aufgehört, gut zu sein", sagt ein bekanntes Motivationszitat. Auf der CARLO SCHNEIDER wird dieser Grundsatz praktiziert – es ist eben noch niemals ein fertiger Seenotretter vom Himmel gefallen.

Seenotrettung ... seitenweise!

Die Historie der Deutschen Gesellschaft zur Rettung Schiffbrüchiger und die aktuelle Entwicklung der Rettungs- und Trainingsflotte liefern immer wieder neue Aspekte rund um dieses hochinteressante Themenfeld der Seefahrt. Herausgeber Manuel Miserok und sein Autorenteam haben für den neuesten Band der beliebten OCEANUM-Reihe wiederum exklusive Geschichten recherchiert und mit überwiegend unveröffentlichtem Bildmaterial illustriert. Nach drei OCEANUM KOMPAKT-Ausgaben in den Jahren 2019 bis 2021 erscheint nun schon zum zweiten Mal nach 2022 eine OCEANUM SPEZIAL-Ausgabe mit einem nochmals erweiterten Umfang von vollen 176 Seiten Inhalt – faszinierender Lesestoff nicht nur für alle Freunde der DGzRS-Seenotretter, sondern für jeden maritim Interessierten.

OCEANUM SPEZIAL
Seenotretter 2023
176 Seiten, zahlreiche farbige Abbildungen,
Euro 19,90.
www.oceanum.de

Lokomotive der JDZ-30-Reihe neben der Fahrrinne. (Wissenschafts- und Technikmuseum Belgrad)

Die Treidelbahn am Donau-Sip-Kanal

Die Stromschnellen am sogenannten „Eisernen Tor" erforderten 53 Jahre lang ein wichtiges Hilfsmittel

▷ Martin Wlecke

Am Übergang von der unteren zur mittleren Donau – etwa bei Stromkilometer 940 – befindet sich das Eiserne Tor. Heute ist dort der Fluss die Grenze zwischen Rumänien und Serbien. Bis zum Jahr 1972 war das Eiserne Tor das größte Hindernis für die Donau-Schifffahrt. Die Kataraktenstrecke war bekannt für ihre zahlreichen Felsbarrieren, tückische Untiefen und schnell wechselnde Wasserstände. Auf der über 130 Kilometer langen Passage durch die südwestlichen Karpaten hatte die Donau etwa 25 Meter Gefälle, was zu extremen Strömungsgeschwindigkeiten führte. Die wechselnde Flussbreite und zahlreiche Felseninseln erzeugten zusätzlich große Verwirbelungen und waren über Jahrhunderte eine große Herausforderung für jeden Steuermann. Selbst die ortskundigen Lotsen brachten nicht alle Schiffe unbeschädigt durch diese gefährliche Wildwasser-Passage.

Das größte Hindernis war aber die Felseninsel Prigrada am Eisernen Tor. Diese verlief auf einer Länge von fast drei Kilometern quer durch die Donau und verursachte je nach Wasserstand extreme Strömungen. Schon zu Zeiten der Römer versuchte man einige der Hindernisse zu entschärfen. Allerdings mit wenig Erfolg. Deshalb konnten bestimmte Abschnitte der Katarakten (Stromschnellen) aufwärts nur mit Treidelhilfe bewältigt werden. Ochsen, Pferde und auch Menschen zogen damals die Lastkähne mühsam durch die Strömung. Nach alten Aufzeichnungen wurden dabei etwa 50 Tiere oder bis zu 100 Menschen pro Treidelzug eingesetzt. Das Eiserne Tor behinderte den Handel zwischen den westlichen und östlichen Anrainerstaaten der Donau. Größere Schleppzüge konnten die gefährliche Kataraktenstrecke nicht befahren. In Jahren mit Niedrigwasser war der Flussabschnitt oftmals mehrere Wochen für die Schifffahrt gesperrt, überwiegend während der Wintermonate. Da auch Felssprengungen unter ungarischer Bauleitung in den 1830er-Jahren keine deutliche Entschärfung der Passage gebracht hatte, wurden beim Berliner Kongress im Jahre 1878 umfangreiche Maßnahmen zur Regulierung der Donau am Eisernen Tor beschlossen. Auf etwa sieben Flusskilometern sollten alle störenden Unterwasserhindernisse beseitigt werden und so eine mit Bojen gekennzeichnete Fahrrinne mit mindestens drei Meter Wassertiefe entstehen. Die Regierung von Österreich-Ungarn beauftragte zwei deutsche Firmen mit der Ausführung. Nach einer langen Planung – so ein Projekt war damals im Wasserbau technisches Neuland und musste auch mit Rumänien und Serbien abgestimmt werden, da hier die Donau die Landesgrenze bildete – begannen mit erheblicher Verzögerung im Spätsommer 1890 endlich die Bauarbeiten. Kernstück bei diesem Projekt war der sogenannte Sip-Kanal auf Höhe der kleinen serbischen Ortschaft Sip. Am Ufer und im Fluss wurden vor der Felseninsel Prigrada im Abstand von etwa 75 Metern zwei lange, parallel verlaufende Steindämme errichtet. Nachdem man die Dammenden mit Aufschüttungen verschlossen hatte, konnte der neu entstandene zwei Kilometer lange Kanalabschnitt trockengelegt werden und die noch vorhandenen Felshindernisse wurden entfernt. Fast zwei Millionen Kubikmeter Gestein mussten für dieses Projekt abgetragen oder aufge-

Die Donau ist einer der wenigen Flüsse, die stromaufwärts kilometriert sind. Die Mündung am Schwarzen Meer zählt als Kilometer Null und die deutsche Bundeswasserstraße Donau endet bei Stromkilometer 2414 in der Nähe von Kelheim. Weiter stromauf ist die Donau nur bedingt schiffbar. 1856 erfolgte die Gründung der Europäischen Donaukommission. Damals wurden auch die Bestimmungen für eine freie Nutzung der Wasserstraße festgeschrieben. Während die obere und die mittlere Donau überwiegend nur von den Anrainerstaaten Deutschland, Österreich, Ungarn und Serbien genutzt wurden, waren auf der unteren Donau neben Rumänien und Bulgarien auch Griechenland, Russland und das Osmanische Reich mit ihren Frachtschiffen vertreten.

schüttet werden. Nach Öffnung der Dammenden und der Flutung stand nun ein zwischen zwei Dämmen verlaufender Kanal ohne Untiefen zur Verfügung, der auch noch bei Niedrigwasser drei Meter Wassertiefe garantierte. Die Dampfschlepper und die typischen Donau-Lastkähne hatten damals einen Tiefgang von knapp zwei Metern. Während der Bauphase stand der Schifffahrt nur das alte Fahrwasser nördlich der Prigrada-Insel zur Verfügung. Nach sechsjähriger Bauzeit waren auch die restlichen Kilometer der Fahrrinne frei von Untiefen und wurden mit Bojen gekennzeichnet. Im September 1896 konnte dann endlich der Eiserne-Tor-Kanal – Serbisch auch Sip-Kanal genannt – durch Kaiser Franz Joseph I von Österreich feierlich eröffnet werden.

War die Gefahr durch die Unterwasserhindernisse auf dem Abschnitt damit beseitigt, so blieb aber immer noch das Problem mit der starken Strömung. Auf dem kurzen Kanalstück betrug das Gefälle mehr als vier Meter und so strömte die Donau dort je nach Wasserstand mit 15 bis 20 Kilometer pro Stunde. Schneller waren die Donau-Dampfer in der damaligen Zeit auch nicht unterwegs. Stromaufwärts konnte ein normales Schleppschiff mit ein oder zwei Lastkähnen den Sip-Kanal nicht allein bewältigen. Für den sogenannten „Tor-Schlepp" kamen deshalb besonders leistungsstarke Raddampfer zum Einsatz. Doch auch diese Kataraktenschlepper mit 1000 bis 1200 PS brachten bei den schlechten Bedingungen auch nur einen 500 oder 600 Tonnen Lastkahn in Schrittgeschwindigkeit (2 bis 3 km/Std.) durch den Kanal. Geschleppt wurde meist „am langen Strang" (100 bis 150 Meter), damit Dampfer und Kahn nicht zugleich im Maximum der Strömung fuhren. Zeitweise kam auch ein Kabelschiff zum Einsatz, das die Schleppzüge bei der Tor-Passage unterstützte. Doch auch damit konnten pro Tag nur acht bis zehn Schlepps den Kanal passieren. Das Eiserne Tor bliebt also weiterhin im Punkt Frachtkapazität ein großer Engpass.

Während des Ersten Weltkriegs wurde die Donau für die Mittelmächte (Deutsches Reich und Österreich-Ungarn) zu einer wichtigen Verbindung zum Verbündeten Bulgarien und dem Osmanischen Reich. Missernten in der Landwirtschaft und die Ausfälle durch den Krieg führten zu massiven Problemen bei der Versorgung der Bevölkerung in Zentraleuropa. Mit dem

Nur leistungsstarke Seitenradschlepper konnten die Kataraktenstrecke bewältigen. (Zeichnung Martin Wlecke)

bis dahin neutralen Rumänien hatte Deutschland noch kurz vor Kriegsbeginn Verträge über 750.000 Tonnen Getreidelieferungen abgeschlossen. Auch in Bulgarien lagerten große Mengen von Getreide und Futtermittel, die dringend in Deutschland und Österreich benötigt wurden. Da Bahnverbindungen für solche Mengen nicht zur Verfügung standen, kam als Transportweg nur die Donau in Frage. Zwischen 1914 und 1916 hatte die Zentrale-Einkaufsgesellschaft in Berlin Verträge für mehr als zwei Millionen Tonnen Getreide und Futtermittel abgeschlossen, die man kurzfristig nach Zentraleuropa verschiffen wollte.

Auf der unteren Donau waren schon damals überwiegend große Lastkähne mit 1000 bis 1500 Tonnen im Einsatz. Diese sogenannten „Griechenschlepps" brachten die Getreidelieferungen von der Donaumündung bis kurz vor das Eiserne Tor nach Turnu-Severin. Dort erfolgte das Umladen mittels Saugheber auf die kleinen 500 Tonnen Kähne. Nach der Tor-Passage fuhren einige der Frachtschiffe auf der Donau weiter nach Österreich. Den Hauptteil der Kähne schleppte man nur bis Orsova, wo das Umladen auf die Bahn erfolgte. Die schwimmenden Saugheber – zeitweise waren bis zu 20 Stück ober- und unterhalb des Eisernen Tores im Einsatz – konnten pro Tag bis zu 20 Schiffe be- oder entladen. Durch den Sip-Kanal schafften die Schlepper täglich aber immer noch nur acht bis zehn Getreidekähne. Außerdem waren ja auch noch andere Schiffe mit wichtigen Gütern auf diesem Abschnitt unterwegs. Schnell zeigte sich, dass

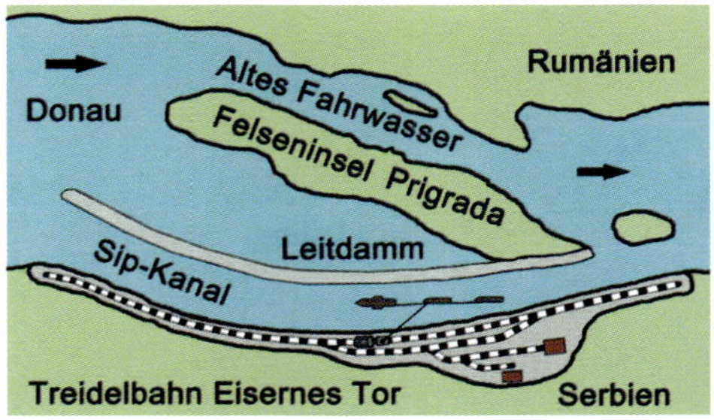

Die Treidel-Strecke am Sip-Kanal um 1917. (Zeichnung Martin Wlecke)

die Kanalpassage ein Nadelöhr war und den ganzen Getreidetransport nach Zentraleuropa zum Stocken brachte.

Lokomotiven dienen als Schlepphilfe

Serbien war seit 1915 durch die Mittelmächte besetzt und so suchte man in Berlin nach einer schnellen Lösung. Der deutschen Heeresverwaltung in Berlin empfohlen Experten als Lösung eine Treidelbahn am Sip-Kanal. Da keine anderen erfolgversprechenden Vorschläge auf dem Tisch lagen und die Zeit drängte, wurde im Frühjahr 1916 kurzfristig die Umsetzung beschlossen. Schwere Dampfloks mit angehängten Seilwindenwagen, den sogenannten Treidelwagen, sollten die Schleppzüge durch die gut zwei Kilometer lange Kanalstrecke ziehen. Die mit dem Bau der Bahnstrecke beauftragte deutsche Reserve-Eisenbahnbau-Kompanie vollbrachte dann dort am serbischen Donauufer eine absolute Meisterleistung. Die Umsetzung von der Planung bis zur Inbetriebnahme der Bahn erfolgte in einer Rekordzeit von gut

Über zwei Kilometer lang war die Treidelbahnstrecke am Sip-Kanal. Rechts das Rückfahrgleis. (W. Wlecke, 1941)

zwei Monaten: Durch den Dammbau von 1890 stand in Ufernähe bereits eine ebene Fläche für den Gleisbau zur Verfügung. Allerdings war der alte Uferdamm nicht der schweren Belastung einer Eisenbahn gewachsen und so wurden vor der Gleisverlegung zur Befestigung noch 10.000 Quadratmeter Steinquader verbaut. Alle schweren Materialien wie Gleise, Schwellen und die anderen Baumaterialien mussten mühsam über schmale Gebirgswege oder auf dem Wasserweg zur Baustelle gebracht werden.

Das größte Problem aber war der Transport der drei Tenderlokomotiven preußischer Bauart vom Typ T 13 nach Sip. Die reguläre Bahnstrecke endete vor dem Eisernen Tor bei der damals ungarischen Ortschaft Orsova. Hier wurden die Dampfloks und die schweren Treidelwagen mit primitiven Hilfsmitteln auf zwei längsseits gekoppelte Lastkähne verladen, zum Sip-Kanal verschifft und dort ohne Kranhilfe nur mit Winden und Menschenkraft wieder an Land gebracht und auf das neue Gleis gesetzt. Eine T13 Lok wog knapp 60 Tonnen!

Bereits im Mai 1916 war die kürzeste Normalspur-Bahnstrecke Europas fertiggestellt. Das uferseitige Gleis, auf dem der Treidelzug fuhr, hatte anfangs eine Länge von etwa 2,2 Kilometern. Später verlängerte man die Schienen um 500 Meter. Teilweise war die Strecke zweigleisig. So konnte der erste Zug nach einem

Die extreme Strömung im Sip-Kanal bewältigte ein längerer Schleppzug nur mit Treidelhilfe. (W. Wlecke, 1941)

Der Zugstrang führte vom Treidelwagen nicht zum Dampfschlepper, sondern zum ersten Lastkahn. (W. Wlecke)

Schlepp das Parallelgleis als Rückfahrgleis nutzen, während der zweite Zug schon den nächsten Schlepp durch den Kanal zog. Die dritte Lok stand als Reserve zu Verfügung. Da die Fahrzeuge diese Bahnanlage nicht verlassen konnten, erfolgten sämtliche Wartungsarbeiten vor Ort. Dafür hatte man besondere Gleise verlegt und Werkstätten, Lokschuppen und Kohlebunker gebaut. Zeitgleich entstanden auch die Gebäude für das Bahnpersonal.

Endlich konnten auch Schleppverbände mit zwei oder drei Lastkähnen den Sip-Kanal stromaufwärts problemlos bewältigen. Der an die Lok gekoppelte Treidelwagen bestand aus dem Fahrgestell einer ehemaligen Dampflok, schweren Ballastgewichten und einer dampfbetriebenen Seilwinde, die von der angekoppelten Lok mit Dampf versorgt wurde. Lokomotive und Treidelwagen wogen zusammen fast 100 Tonnen und brachten so genug Reibungsgewicht auf das Gleis. Das war wichtig, denn gerade beim Anschleppen wurden enorme Kräfte benötigt. Trotzdem sprühten oft die Funken, wenn die Räder der Lok beim Anfahren durchdrehten. Der Schleppstrang zwischen Treidelzug und Schiff führte nicht zum Radschlepper, sondern wurde vom ersten Lastkahn aufgenommen. Die Bug-Poller der kleinen Tor-Kähne waren besonders stark dimensioniert, damit sie diese Kräfte aufnehmen konnten. Während der Schlepper so ohne große Last durch den Kanal fuhr, zog die Treidelbahn die Frachtkähne mit fünf bis sechs Kilometer pro Stunde durch die Strömung. Brauchte ein Schleppzug mit einem Kahn zuvor etwa eine Stunde für die zweieinhalb Kilometer Kanalpassage, so brauchte ein Treidelzug mit mehreren Kähnen nur noch etwa 20 bis 30 Minuten. Wünschte ein flussaufwärts fahrender Kapitän für sein Schiff Schlepphilfe, so musste er das durch Hissen einer blauen Flagge bei der Einfahrt in die Bojenstrecke anzeigen. Obwohl aus Sicherheitsgründen nur bei Tageslicht getreidelt wurde, konnten endlich die in Mitteleuropa so dringend benötigten Güter in ausreichenden Mengen durch die Tor-Strecke transportiert werden.

Bei Kriegsende und dem Rückzug aus Serbien zerstörten 1918 deutsche Soldaten Teile der mühsam aufgebauten Bahnanlagen. Es dauerte mehrere Jahre, bis der Treidelbetrieb wieder voll funktionsfähig war. Auch beschädigte Loks mussten ersetzt werden. In dieser Zeit war wieder ein Kabelschiff am Kanal stationiert, das die Schleppzüge unterstützen konnte. Seit 1929 gehörte Serbien zu dem neu gebildeten Staat Jugoslawien und so übernahm die Jugoslawische Staatsbahn die „Sipska Lokomotivska Vuca", die Treidelbahn am Eisernen Tor.

Auch während des Zweiten Weltkriegs war die Donau strategisch wichtig. Seit dem Balkanfeldzug 1941 hatte die deutsche Armee Truppen am Sip-Kanal stationiert. Während dieser Zeit war der Kanal oft Ziel von Angriffen. Zum Beispiel versuchten Partisanen Lastkähne zu versenken und mehrmals wurde die Treidelbahn bei Luftangriffen bombardiert. Im September 1944 zogen sich die deutschen Truppen zurück und jugoslawische Partisanen übernahmen kurzzeitig die Kontrolle am Sip-Kanal.

Nach Kriegsende dauerte es nur wenige Monate, bis alle Schäden beseitigt waren, und die Jugoslawische Staatsbahn nahm den Betrieb wieder auf. Nach internationalen Vereinbarungen konnten Schiffe aller Nationen gegen eine Gebühr die Treidelbahn in Anspruch nehmen. Anfang der 1950er-Jahre ersetzte man die älteren Lokomotiven nochmals durch stärkere Güterzugmodelle vom Typ JDZ 30. Diese Schlepptenderloks stammten vom deutschen Hersteller Borsig in Berlin und waren 1930 an Jugoslawien geliefert worden. Die JDZ 30 war deutlich schwerer als ihre Vorgänger und brachte mehr Reibungsgewicht auf die Schiene und konnte somit größere Tonnagen durch den Kanal treideln. Auch wenn man im Fuhrpark über die Jahre einiges erneuert hatte, so blieb der Ablauf der Schlepphilfe am Sip-Kanal aber über fünf Jahrzehnte unverändert.

Staudämme lösen das Problem

Es gab sogar noch Pläne, die alten Dampfloks durch moderne Dieselloks zu ersetzen. Doch dies wurde nicht mehr umgesetzt, denn in den 1960er-Jahren planten Jugoslawien und Rumänien unterhalb des Sip-Kanals einen Groß-Staudamm mit zwei Wasserkraftwerken. Über 1100 Meter lang und 40 Meter hoch sollte die Djerdab-Mauer werden. Für die Berg- und Talfahrt waren je zwei Schleusenkammern mit einer Länge von je 310 Metern und einer Breite von 34 Metern vorgesehen. Im September 1964 war offizieller Baubeginn und 1972 feierte man mit großem Festakt die endgültige Fertigstellung. Die Aufstauung verwandelte die berüchtigte Kataraktenstrecke in einen 150 Kilometer langen See und der Wasserspiegel der Donau wurde um fast 30 Meter angehoben. Das bedeutete für viele Inseln und Ortschaften die Überflutung. Auch die inzwischen zu Rumänien gehörende Stadt Orsova und der jugoslawische Ort Sip waren davon betroffen und mussten geräumt werden. Etwa 20.000 Bewohner wurden damals umgesiedelt.

Die bekannte Festungsinsel Ada Kaleh, die vor dem rumänischen Ufer lag und noch bis 1912 zum Osmanischen Reich gehörte, wurde trotz Widerstand der überwiegend türkischstämmigen Bevölkerung bereits 1967 zwangsgeräumt. Teile der historischen Gebäude, wie zum Beispiel die Moschee, baute man ab und errichtete sie weiter stromabwärts auf der Insel Simian neu. Die Bahn bei Sip hatte den Betrieb nach 53 Jahren bereits im Jahr 1969 eingestellt. Eher als geplant begann schon 1970 die Aufstauung. Die Anlage wurde vor der Flutung nicht rückgebaut und so ruhen die Lokomotiven und Gleise der ehemaligen Treidelbahn wahrscheinlich noch heute auf dem Grund der aufgestauten Donau. Der Kampf mit den starken Strömungen am Eisernen Tor war ab 1972 für die Schifffahrt endlich Geschichte und die Fahrzeit durch die ehemalige Katarakten-Strecke reduzierte sich deutlich. Auf den meisten europäischen Wasserstraßen endete die Schleppschifffahrt in den 1950er-Jahren und wurde durch Selbstfahrer oder Schubschiffe abgelöst. Auf der Donau vollzog sich die Umstellung erst später in den 1970er-Jahren.

Seitenraddampfer MAGYARORSZÁG 1921. (Magyar Hírek Folyóirat)

Die Schlepper

Schleppschifffahrt war damals auf der Donau besonders beim Transport von Schüttgut der Standard. Einzelfahrer waren die Ausnahme. Als Schlepper kamen fast nur Seitenraddampfer zum Einsatz. Der Vorteil war der geringe Tiefgang von weniger als zwei Metern. Schraubendampfer hatten sich bei dem häufigen Niedrigwasser auf der Kataraktenstrecke nicht bewährt. Während die Dampfmaschinen der Donau-Standardschlepper nur 500 bis 850 PS leisteten, kamen am Eisernen Tor auch Schiffe mit mehr als 1000 PS zum Einsatz. Die Rumpflänge betrug 60 bis 80 Meter, die Breite über die Radkästen etwa 15 Meter und die Schaufelradblätter tauchten ca. 60 cm tief ein. Der gebunkerte Kohlevorrat reichte für 150 bis 200 Fahrstunden.

Die Kähne

Vor 1900 waren die meisten Donau-Lastkähne noch Einzelstücke. Jede Werft hatte ihren eigenen Stil und baute nach eigenen Maßen. Nur bei dem Tiefgang blieben alle Hersteller möglichst unter der 2,2-Meter-Marke. Denn nur so konnten die Kähne auch auf den Flachwasserzonen der Donau zum Einsatz kommen. Erst als die Anzahl der Staustufen zunahm wurden die Rumpfabmessungen den Maßen der Schleusenkammern angepasst. Der überwiegend

Seitenraddampfer mit zwei Lastkähnen Mitte der 1930er-Jahre. (Wissenschafts- und Technikmuseum Belgrad)

beim Tor-Schlepp eingesetzte 500 bis 700 Tonnen Lastkahn (Kurzform: LK) war 60 bis 80 Meter lang und zirka acht Meter breit. Die Ruderanlagen mit langem Ruderblatt hatte man speziell für die starken Donau-Strömungen konstruiert. Private Kähne gab es kaum, fast alle Schlepps wurden von Reedereien betrieben.

Die Mannschaften

Das Leben an Bord der Lastkähne war damals sehr hart. Die Besatzung blieb oft wochenlang auf Fahrt und arbeitete, solange es Tageslicht gab. Das konnten im Sommer schnell 15 oder mehr Stunden pro Tag werden. Das An- und Abkoppeln und das Kürzen oder Strecken der Schleppleinen war harte Knochenarbeit. Nicht alle Kähne verfügten damals schon über einen überdachten Ruderstand und die kurzen Ruhepausen verbrachten die Steuermänner erschöpft in einer kalten, feuchten Unterkunft unter Deck. War dort ein kleiner Kohleofen vorhanden, hatten sie sogar die Chance auf eine warme Mahlzeit im Schein einer trüben Petroleumlampe. Die Arbeiter auf den Lastkähnen standen in der Hierarchie niedriger als die Schleppermannschaften und wurden in der Regel auch schlechter bezahlt. Die Dampfschiffbesatzung hatte sogar beheizte Kajüten und eine Kombüse zur Verfügung. Häufig mussten die Lastkahn-Steuerleute mehr leisten als die Männer auf der Schlepper-Brücke, denn dort waren während der kritischen Passagen erfahrene Lotsen mit an Bord. Am Ruder eines Lastkahns brauchte man neben Kraft auch viel Erfahrung und ein schnelles Reaktionsvermögen. Oft neigten die Kähne zum Ausbrechen. Dann mussten zwei Leute am Ruder stehen, damit der Kahn auf Kurs blieb. Nur wer ein gutes Einfühlungsvermögen für die Strömungen hatte und die Situation richtig einschätzte, brachte den Schlepp sicher durch die tückischen Katarakten.

Dampfschlepper mit Lastkähnen vor der Insel Ada Kaleh 1949. (Erky-Nagy Tibor)

EXPRESS AUF SCHIENEN

Nur 20 Minuten benötigt der 20,37 Meter lange, mit je zwei Volvo Antriebsmotoren und Hamilton Jetantrieben ausgestattete WATTNEXPRESS für die gezeitenunabhängige Linienverbindung zwischen Neuharlingersiel und der Ostfriesischen Insel Spiekeroog. Das von der Werft Penguin International in Singapur bzw. Indonesien gebaute Schiff wurde am 17. Dezember 2022 getauft und am 30. Januar 2023 offiziell in Dienst gestellt. Im März führte ein Motoren-Probelauf zu einem Totalschaden der Maschine, der noch im selben Monat behoben werden konnte. Auf der Neuharlingersieler Helling fand die abschließende Inspektion statt und wenige Tage später war die Passagierfähre schon wieder im Revier unterwegs. (Manuel Miserok)

SPIEKEROOG
NORDSEEINSEL NATÜRLICH
WattnExpress

DAS ALTE HELGOLAND

Julius Simonsen hielt diese Szene in den 1920er/30er-Jahren an der Helgoländer Landungsbrücke fest. Rechts vor Anker liegend das Bäderschiff GLÜCKAUF des Norddeutschen Lloyd, links die beiden Hapag-Dampfer COBRA (2) und KAISER. Hagen Zielke und Peter Backens zeigen in ihrem neuen Buch „Helgoland – eine historische Bilderreise" viele weitere Fotos, einen aktuellen Fotovergleich sowie einen Beitrag zum Seebäderdienst. → www.oceanum.de

PIETER VAN DER WEES
VAN DER WEES
TRANSPORTEN
Technik Museen
Sinsheim Speyer
WWW.VANDERV

DAS S STEHT FÜR STAHL!

50 Jahre nach seiner Indienststellung gelangte das einst dem 3. U-Bootgeschwader der Deutschen Marine unterstellte U 17, ein Unterseeboot der Klasse 206 A, ins Technik Museum Speyer. Von Kiel aus durch den Nord-Ostsee-Kanal, über die Nordsee, rheinaufwärts und auf der Straße musste die 49 Meter lange, 9 Meter hohe und 500 Tonnen schwere Stahlröhre transportiert werden. Am 12. Mai 2023 passierte S 196 (tatsächlich steht die Kennung S für Submarine) die zum Industriekonzern Thyssenkrupp gehörende Kokerei Schwelgern in Duisburg, einen der weltgrößten Betriebe zur Erzeugung von Koks und Rohgas aus Kohle. Koks wird im Hochofen zur Stahlgewinnung benötigt. Thyssenkrupp ist Deutschlands größter Stahlhersteller und einer der führenden, global agierenden Systemanbieter für U-Boote und Marineschiffe. (Manuel Miserok)

54 GRAD SÜD: FEUERLAND

Längst hat die Kreuzfahrtindustrie die Antarktis als attraktives Reiseziel voll erschlossen: Liegeplätze im Hafen von Ushuaia, südlichste Stadt der Welt und Ausgangspunkt der meisten Expeditionen zum eisigen Kontinent, sind teilweise zwei bis drei Jahre im Voraus gebucht. Hier steuert die 142 Meter lange, unter französischer Flagge fahrende L'AUSTRAL, Baujahr 2011, ihren Platz an der Pier an – im Hintergrund die Bergkulisse des argentinischen Teils der Tierra del Fuego („Land des Feuers"). An Bord des innovativ designten Schiffs befinden sich 132 Kabinen und zwei Restaurants. (Manuel Miserok)

PONANT
L'AUSTRAL

Das erste Schulschiff der deutschen Handelsflotte

Die Viermastbark HERZOGIN SOPHIE CHARLOTTE

▷ Bernd Jocham

Um 1900 neigte sich das Zeitalter der großen Segelschiffe dem Ende entgegen. Damit verschwanden auch die bisherige Ausbildungsstätten für den jungen Seemann und späteren Kapitän. Abhilfe schuf der Deutsche Schulschiff-Verein, zuerst mit einem umgebauten Frachtsegler, den wenig später der Norddeutsche Lloyd übernahm.

Die HERZOGIN SOPHIE CHARLOTTE am Tag ihrer Indienststellung. (Handkolorierte Postkarte)

Norddeutscher Lloyd
Kadettenschulschiff „Herzogin Sophie Charlotte“

Gab es noch 1875 im Deutschen Reich 4300 Segelschiffe mit 87.800 Nettoregister-Tonnen (NRT) und 300 Dampfer mit 19.000 NRT, so war das Verhältnis 1900 bereits umgekehrt: 2300 Segelschiffen mit 56.000 NRT standen 1300 Dampfer mit 1.150.000 NRT gegenüber. Die wachsende deutsche Handelsflotte benötigte einen jährlichen Nachwuchs von etwa 2000 Jungen. Zur Prüfung zum Seesteuermann wurde am Anfang des 20. Jahrhunderts ein junger Seemann nur zugelassen, wenn er eine Fahrenszeit von zwölf Monaten als Matrose auf Segelschiffen nachweisen konnte. Um als Matrose zu mustern, hatte er vorher 24 Monate als „Moses" oder Schiffsjunge und Leichtmatrose auf Segelschiffen zu fahren. Der zukünftige Patentinhaber musste also drei Jahre Segelschifffahrtszeit nachweisen. Doch Ausbildungsplätze auf Großseglern wurden rar.

Der Deutsche Schulschiff-Verein und seine Ziele

Am 13. Januar 1900 gründete eine interessierte Gruppe aus Handel, Wirtschaft, Verkehr und Staat in Berlin den Deutschen Schulschiff-Verein (DSV). Erster Vorsitzender wurde Großherzog Friedrich August von Oldenburg (1852–1931). Sein Herzogtum war ein Küstenstaat am linken Weserufer. Friedrich August besaß ein nautisches Befähigungszeugnis und steuerte seine stattliche Dampfjacht LENSAHN am liebsten selbst. Das erste Schulschiff des Deutschen Schulschiff-Vereins wurde auf den Na-

Herzogin Sophie Charlotte von Oldenburg wurde am 2. Februar 1879 in Oldenburg i. O. geboren. Sie war die älteste Tochter des Großherzogs Friedrich August II. von Oldenburg und seiner ersten Ehefrau Elisabeth Anna von Preußen. Nach der Heirat mit Prinz Eitel Friedrich von Preußen war Sophie Charlotte entsprechend der damals gebräuchlichen Sprechweise auch bekannt als Prinzess/in Eitel Friedrich. Sie war wohl die einzige Frau, nach deren Namen (Mädchen- und Familienname) gleichzeitig zwei Schiffe benannt wurden: die HERZOGIN SOPHIE CHARLOTTE und das Schulschiff PRINZESS EITEL FRIEDRICH, die jetzige DAR POMORZA. Herzogin Sophie Charlotte von Oldenburg starb am 29. März 1964 in Westerstede.

Die Namensgeberin Herzogin Sophie Charlotte von Oldenburg.

„Die Kadetten auf dem Schulschiff des Norddeutschen Lloyd HERZOGIN SOPHIE CHARLOTTE, das am 19. April seine erste Reise antrat." Photographische Momentaufnahme von W. Sander & Sohn.

men seiner Frau getauft: GROSSHERZOGIN ELISABETH. Der DSV stellte sich die Aufgabe, segelnde Schulschiffe in Fahrt zu setzen, um den deutschen Reedereien weiterhin seemännisch ausgebildetes Personal zur Verfügung stellen zu können. Auch die großen Reedereien hatten Probleme mit dem Nachwuchs für ihre Nautiker. Der Norddeutsche Lloyd in Bremen setzte deshalb als erste Reederei ein Segelschulschiff in Fahrt.

Bereits ein knappes halbes Jahr nach der Gründung im Mai 1900 gab der DSV bekannt, dass gerade Jungen aus „kleinen Verhältnissen" angenommen würden. Sie sollten in der Regel ein Jahr an Bord des Schulschiffs bleiben und dann auf andere Segelschiffe wechseln.

Neben den Schiffsjungen sollten Kadetten mit höherer Schulbildung angemustert werden, um sie auf den Besuch der Navigationsschule vorzubereiten. Für ihre Ausbildung waren zwei Jahre vorgesehen. Um die Nutzung eines Schulschiffs für die Handelsflotte effektiv zu gestalten, wurde es für 200 „Zöglinge" ausgelegt. So lautete die damalige Bezeichnung des DSV für die jugendliche Besatzung seiner Schiffe. 200 Ausbildungsplätze hielten die festen Kosten in vertretbaren Grenzen.

Erstes Segelschulschiff der deutschen Handelsflotte

Die HERZOGIN SOPHIE CHARLOTTE war ursprünglich der Frachtsegler ALBERT RICKMERS, ein Glattdecker ohne Aufbauten auf dem Freiborddeck. Durch den Umbau wurde er zum ersten Segelschulschiff unter der deutschen Handelsflagge. Die Viermastbark war 1894 das erste Stahlschiff der Rickmers-Werft. Sie wurde mit der seltenen Hochtakelung an der 7. Rah des Fock- und des Großmastes über dem Royalsegel ausgerüstet, den Skysegeln. Dadurch war die ALBERT RICKMERS perfekt an das hauptsächliche Rickmers-Fahrtgebiet Hinterindien angepasst. Zwischen den vielen dortigen Inseln hatten sich die Skysegel bewährt, konnten sie doch die hohen Winde an deren Leeseite einfangen und nutzen.

Der Norddeutsche Lloyd kaufte das Schiff 1899 und stellte es im April 1900 als „Cadettenschulschiff" in Dienst, um den Nachwuchs an nautischen Schiffsoffizieren für seine schnell wachsende Flotte heranzubilden. Zur Zeit der Indienststellung als Schulschiff befanden sich auf dem Vordeck noch die Ladeluken 1 bis 3 der ALBERT RICKMERS. Aus der ursprünglichen Luke 4 wurde ein Deckshaus. Vier der sechs Boote wurden dort auf Barringsbalken gelagert. Leider konnte nicht recherchiert werden, wie diese Boote zu Wasser gelassen werden konnten. Erst zu einem späteren, aber unbekannten

Die HERZOGIN SOPHIE CHARLOTTE an die Toppen geflaggt. Anlass dafür könnte des Kaisers Geburtstag am 27. Januar 1909 gewesen sein. Das Schiff befand sich vom 17. Januar bis zum 14. Februar 1909 in Port Phillip.

Die HERZOGIN SOPHIE CHARLOTTE vor Montevideo. Die Fotos stammen vermutlich aus Tageszeitungen.

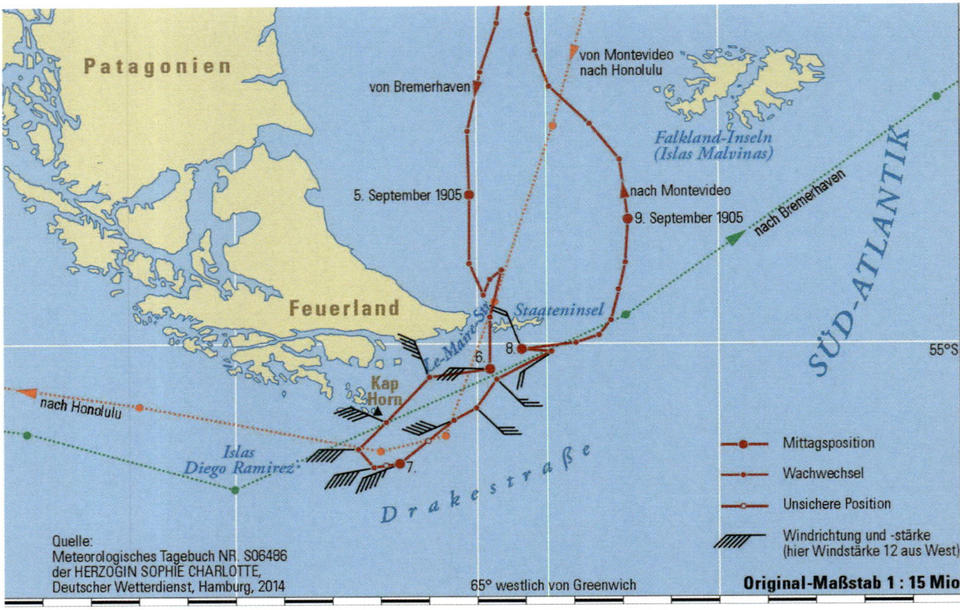

Verkleinerter Ausschnitt aus der „Seekarte" der 7. Seereise von Bremerhaven über Montevideo (Nothafen) nach Honolulu und zurück nach Bremerhaven mit den Positionsangaben der Unglückstage 5. bis 9. September 1905 (rot durchgezogen) sowie die Kurse von Montevideo nach Honolulu (orange gepunktet) und von dort nach Bremerhaven (grün gepunktet) nach dem Meteorologischen Journal Nr. SO6486.

Datum wurden die Luken 2 und 3 ebenfalls zu einem Deckshaus umgebaut. Dorthin wurden zwei der vier auf dem Vorschiff gelagerten Boote verlegt und mit Davits versehen.

Beinahe-Katastrophen

Das Schiff überstand zwei Unfälle: Der erste war die Entmastung (Reise 7, Mai bis 9. September 1905) Bremerhaven–Kap Hoorn–Honolulu-Sydney–Melborne–Hull-Bremerhaven. Nachdem dieses gravierende Ereignis in der Laufbahn der HERZOGIN SOPHIE CHARLOTTE überstanden und der Nothafen Montevideo erreicht war, begann man zu überlegen, was mit dem Beinahe-Wrack geschehen sollte. Man entschied sich, das Schiff wieder flott zu machen. Es folgte eine organisatorische und schiffbauliche Meisterleistung: Das Schiff konnte nach einigen Monaten seine Reise fortsetzen und erfolgreich beenden. Beim Wiederaufriggen der Takelage, durchgeführt von der Mannschaft und nur mit Bordmitteln, wurden die Untermasten aus zwei Teilen zusammengesetzt. Üblicherweise bestanden diese nur aus je einem Teil.

Der zweite Unfall ereignete sich in einem heftigen Sturm in der Nordsee, indem beide Anker verloren gingen und eine Strandung unmittelbar bevor zu stehen schien, aber mit Glück gerade noch vermieden werden konnte. (Reise 8: Bremerhaven–Auckland–Sydney–Bremerhaven).

Ein außergewöhnlicher Kapitän

Von den Kapitänen der HERZOGIN SOPHIE CHARLOTTE ist Emil Zander hervorzuheben. Nicht nur, weil er es war, der die bereits geschilderten Beinahe-Katastrophen gemeistert hat, sondern auch deshalb, weil es von ihm einige Anekdoten zu erzählen gibt. Vor seiner Zeit auf der HERZOGIN fuhr er als Vierter Offizier auf dem Lloyd-Dampfer ALLER. Im Januar 1898 gelang es unter seiner Leitung, die Besatzung des in Seenot geratenen englischen Dampfers DAGO mit drei Bootsfahrten zu retten, mitten auf dem stürmischen Atlantik auf Position 41° N–061° W. Für seinen Einsatz erhielt Zander die deutsche und die britische Rettungsmedaille sowie die der Stadt New York.
Als am 30. Juni 1900 die Lloyd-Pier in Hoboken/New York in Brand geriet, war er Zweiter Offizier auf dem Lloyd-Dampfer SAALE. Auch dieses Schiff fing Feuer. Zander bekämpfte es selbst bis zuletzt und konnte sein Leben nur durch einen Sprung über Bord retten. Er trieb stundenlang im Hudson River, bis er endlich von einem Schlepper geborgen wurde. Ab 17. Juni 1903 wurde Zander Kapitän auf der HERZOGIN SOPHIE CHARLOTTE. Von ihm sind nicht nur so forsche Aussprüche überliefert wie etwa „Wir wollen erst 'mal noch alles stehen lassen", als der Erste Offizier für die kommende Nacht auf See einige Segel bergen lassen wollte. Oder „Heuger ropp, seggt Zander" (höher hinauf!) von den Mannschaften, die die Rahen oder Segel vorheißen sollten, was Kapitän Zander nie hoch genug sein konnte. Oder die Wette mit Captain Dixon vom englischen Vollschiff ARCTIC STREAM. Dabei ging es zum einen darum, unter Segel ohne Schlepperhilfe aus dem Hafen auszulaufen und zum andern als erstes Schiff im Englischen Kanal zu sein. Dixon nahm

Kapitän Emil Zander auf der HERZOGIN SOPHIE CHARLOTTE.

Diese echt gelaufene Postkarte aus Australien, geschrieben von Kapitän Emil Zander am 28. März 1907 an seine Ehefrau in Elsfleth, zeigt die HERZOGIN SOPHIE CHARLOTTE vor Anker liegend in Newcastle Bay, Sydney.

die von Zander angebotene Wette an. Er steuerte sein Schiff drei Tage nach der HERZOGIN ebenfalls nur unter Segel ohne Schlepper aus dem Hafen und soll als zweites Schiff den Kanal erreicht haben. Englische Berichte behaupten allerdings das Gegenteil ... Fest steht, dass die HERZOGIN 78 Tage nach Verlassen von Sydney das Feuer von Bishop's Rock in Sicht bekam und einige Stunden später Lizard Point in Cornwall erreichte. Die HERZOGIN hatte damit die bis dahin schnellste Reise von Sydney nach dem Englischen Kanal zurückgelegt.

Schnelle Reisen durch „Wagen und Gewinnen" war der Gedanke, der Zander bei all seinen Entscheidungen und Maßnahmen beherrschte. Um beispielsweise die Reibung des Wassers an der Bordwand abzuschwächen, ließ er Bug und Gillung unterhalb der Wasserlinie mit einer von Talg durchsetzten Farbe streichen. Auf diese Weise wurde Kapitän Zander auf den

Die HERZOGIN SOPHIE CHARLOTTE hat alle Segel gesetzt und wartet auf Wind. Sie liegt still in den Kalmen. Diese Situation wird zu einem Bootsmanöver genutzt. Mit dabei war ein unbekannter Fotograf, der diese beiden Aufnahmen gemacht hat.

Langreise-Schiffen unter Segeln zu einer nahezu legendären Figur.

Die letzte Reise vor dem Ersten Weltkrieg

In Heft 1 der Seekiste von 1951 berichtet Kapitän Theodor Oltmann Folgendes: „Am 7.8.1913 ging es unter dem Kommando von Kapitän Georg Reingard mit einer Ladung Koks von Hamburg nach Valparaíso. Am 12.11. um 1.30 Uhr wurde das Blinkfeuer von Valparaíso gesichtet und gegen 8.30 Uhr nach 95 Tagen Reise auf Reede geankert.

Am 20.1.1914 ging die HERZOGIN SOPHIE CHARLOTTE von dort in Ballast nach Newcastle (New South Wales). Bei der Pitcairn-Insel wurde am 10.2. beigedreht und Tauschhandel mit den Nachkommen der Meuterer der BOUNTY abgehalten. Eine Windhose wurde am 7. 3. angetroffen, die das Schiff auf die Seite warf. Die Unterrahen schlugen ins Wasser, acht Segel gingen verloren. Zum Glück hatte das Schiff Wasserballast. Auf 145° W lief die HERZOGIN SOPHIE CHARLOTTE in einen Zyklon und legte in vier Tagen 1200 sm zurück. Am 13.3. wurde Newcastle (New South Wales) erreicht, Reisedauer 52 Tage. Durch einen Hafenarbeiterstreik lagen dort außergewöhnlich viele Schiffe aller seefahrenden Nationen.

Am 1.4. ging es dann mit einer Ladung Kohle nach Gatico in Chile in See. Schweres Wetter erhielt die HERZOGIN SOPHIE CHARLOTTE am 5.4. In der Nacht vom 9. zum 10.4. ging die Ladung nach Backbord über. Es musste über Backbordhalsen beigedreht werden, um die Ladung wieder zu trimmen. Das österreichische Schulschiff BEETHOVEN war nach Valparaíso und die Viermastbark KARL mit Kohle nach Antofagasta bestimmt, beide sind kurz nach der HERZOGIN SOPHIE CHARLOTTE ausgelaufen und wahrscheinlich auch in dieses Wetter geraten. Der Österreicher blieb verschollen und KARL kam ohne Vorbramstenge an.

Am 16.5. nach 46-tägiger Reisedauer wurde Gatico erreicht. Vom 11. bis 14.7. wurde nach Caleta Buena versegelt, um dort Salpeter für Hamburg zu laden. Inzwischen brach der Krieg aus. Außer der HSC lag noch der Hamburg-Süd-Dampfer SANTA MARIA (Kapitän Tussmann) und das Vollschiff MAIPO (Kapitän Hamm) in Caleta Buena. Während des Krieges übernahm Kapitän Reingard die Bark WINTERHUDE, die in Taltal lag und segelte im September 1920 von dort in die Heimat."

Bernd Jochams Modell der HERZOGIN SOPHIE CHARLOTTE im Maßstab 1:100.

HERZOGIN SOPHIE CHARLOTTE unter dem Kommando von Kapitän Zander. Die Handelsflagge mit dem Eisernen Kreuz durfte nur von Reserve-Offizieren der Kaiserlichen Marine geführt werden. Kapitän Zander war einer.

Mast über Bord bei Kap Hoorn

Über die Entmastung der HERZOGIN SOPHIE CHARLOTTE bei Kap Hoorn berichtet Kapitän Emil Zander: „18. September, Montevideo. Zu dem stürmischen Wetter um den 6. und 7. September habe ich folgendes zu bemerken: Da das außerordentlich schnelle Fallen des Barometers eine schnelle Annäherung an das Sturmzentrum vermuten ließ, so wurde um 23 Uhr (am 6. Sept.) über Backbordhalsen beigedreht.

Das Barometer fiel hierauf langsamer, gegen 1 Uhr fiel der Wind mit Orkanstärke in schwerer Hagelboe aus West ein, die ganz neuen Untermarssegel zerrissen in Fetzen, obwohl die Schoten gut aufgefiert waren und kam gleichzeitig die Groß-Untermarsrah mit von oben. Da der Wind leider nur bis West gesprungen war, so lag das Schiff noch zwischen der gewaltig hohen, ziemlich kurzen See und schlingerte bis zu 40° auf beiden Seiten.

Um 7.20 Uhr gingen dann die Masten teil-

Die HERZOGIN SOPHIE CHARLOTTE während des Auslaufens aus Sydney 1905.

Ausschnitt aus der „Seekarte" der 8. Seereise von Bremerhaven über Auckland nach Sydney und zurück mit den Positionsangaben der Unglückstage 18./19. Nov. 1906 nach dem Meteorologischen Journal Nr. SO6593.

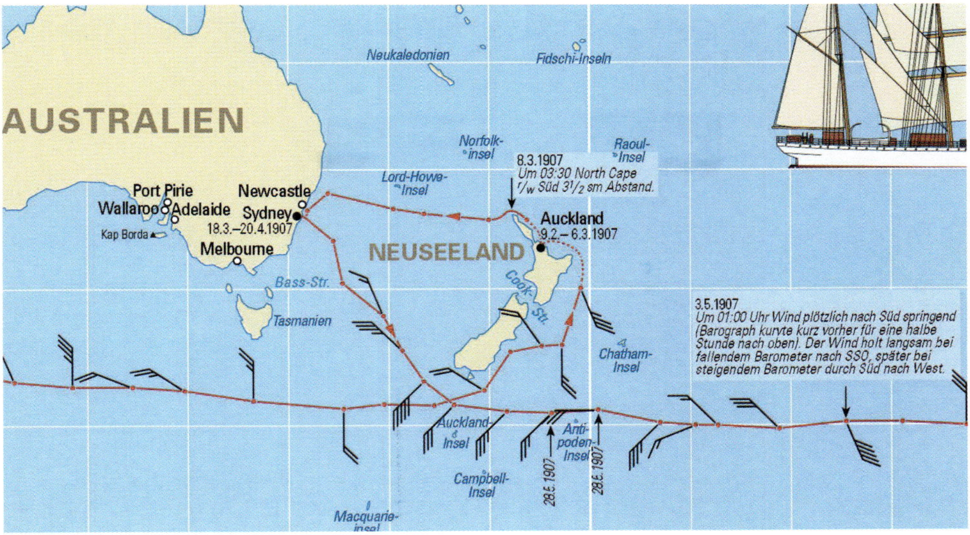

Eine andere ungewöhnliche Begebenheit auf dieser Reise ist die nur sehr selten gesteuerte Runde gegen den Uhrzeigersinn um Neuseeland herum.

weise über Bord; der Großmast brach oberhalb der Saling ab und schob sich in Folge des Schlingerns des Schiffes so beim Zusammenbrechen ineinander, dass das ganze Wirrwarr von zerbrochenen Stengen und Brassen an der Steuerbordseite innerhalb des Schiffes hängen blieb.

Im Vortopp brach die Bramstenge und kam mit allen Brassen von oben, gleichzeitig die Unterbramrah zerschlagend; im Kreuztopp brach ebenfalls die Bramstenge oberhalb Eselshaupt, doch blieb die Unterbramrah unversehrt. Im Vor- und Kreuztopp kappten so viel wie nur möglich alle gebrochenen Teile weg; um das Wirrwarr des Großtopps wurden schwere Drahtlaschings genommen und nach der Luvseite mit schweren Taljen steif geholt."

Sturmfahrt in der Nordsee

„18.11.1906: 5.00 Uhr Wind nach West springend, schnell zunehmende sehr grobe See. Bei dem NO-lich setzenden Strome und dem stürmischen Winde kann der Schlepper mit dem Schiffe keinen Fortgang mehr machen; seit ungefähr 6.00 Uhr ist es nicht mehr möglich, das Schiff auf seinem Kurs zu halten. Dasselbe liegt bei stürmischem W-Wind und hoher See meist r/w Süd an. Setzten Sturmbesan und Besanstagsegel und steckten 60 Faden Kette (BB.) aus, um die Bemühungen des Schleppers, das Schiff auf Wind und See und über BB-Halsen vom Lande abzulegen, zu unterstützen. Danach Peilung von Haaks Feuerschiff das Schiff immermehr dem Lande zutrieb, die Bemühungen des Schleppers fruchtlos blieben und der Strom mittlerweile auf Land zu setzte, so wurde, um eine Strandung zu verhüten, um 8.20 Uhr mit Steuerbord-Anker und 8.45 Uhr mit Backbord-Anker und 90 Faden Kette auf beiden Seiten in 25 Meter Wassertiefe geankert und das Schiff langsam zum Stehen gebracht. Der Schlepper konnte sich wegen des schweren Seeganges nicht mehr vor dem Schiff halten und musste gegen 9.00 Uhr losgeworfen werden. Zur Entlastung der Ankerspille wurden auf beiden Ketten schwere Taljen angeschlagen, die um 12.00 Uhr beim schweren Stampfen des Schiffes brachen. Die Backbord-Kette sprang über die eisern angedrehte Trommel und brach hierbei die Backbord-Seite des Spills. Gegen 15.00 Uhr wurde das Wetter handiger. Mit gut gegen Deck abgestütztem Spill gelang es, beide Anker einzunehmen. 19.11.1906: 2.00 Uhr halsten südwärts. 11.00 Uhr alle Segel fest, nahmen Schlepper."

Technische Daten

Art des Schiffes: Viermastbark, Schulschiff
Bauwerft: Rickmers Schiffbau AG, Geestemünde
Bau-Nr. 11, später 87, nach „125 Jahre Rickmers" Nr. 90
Baujahr 1894: Stapellauf 30.10. als ALBERT RICKMERS, Vermessung: 2395 BRT, 2302 NRT als Frachtsegler ALBERT RICKMERS
2581 BRT, 2273 NRT als Schulschiff
Tragfähigkeit: 3550 t
Länge über alles: 105,35 m
Länge des Rumpfes: 91,23 m
Länge zwischen den Loten: 82,29 m
Breite auf Spanten: 13,20 m
Raumtiefe: 7,82 m
Tiefgang auf KWL: 6,96 m
Länge Hüttendeck: 41,37 m mit Kesselhaus, 1912 nochmals verlängert
Länge Back: 12,20 m
Segelfläche als Schulschiff: 3611 m^2 (20 Rahsegel, bis zu 12 Stagsegel, Besan und Besantoppsegel)
Höhe des Großmasts: 64,35 m von Unterkante Kiel bis Oberkante Flaggenknopf

Indienststellung und Beginn der ersten Reise: 3. Februar 1895
Eigner Rickmers Reismühlen, Rhederei und Schiffbau AG, Bremerhaven,
Verkauf an Norddeutschen Lloyd, Bremen: 6. Januar 1900
Beginn der ersten Reise als Schulschiff: 19. April 1900

Besatzung als ALBERT RICKMERS: 33 Mann als Schulschiff: 53 Mann (Kapitän, 4 Schiffsoffiziere, 2 Navigationslehrer, 1 Arzt, 1 Bootsmann, 1 Zimmermann, 1 Segelmacher, 1 Donkeymann, 1 Oberkoch, 1 Koch, 1 Kochsmaat, 1 Bäcker, 1 Schlachter, 4 Kajüt- und Proviantstewards, 25 Matrosen, 7 Schiffsjungen) und bis zu 60 Kadetten (erste Reise: 45 Kadetten) als Schulschiff
Unterscheidungssignal: Q F W R
Heimathafen: Bremen

Seitenansicht der HERZOGIN SOPHIE CHARLOTTE von Bernd Jocham.

Einmal um Neuseeland

Eine andere ungewöhnliche Begebenheit auf dieser Reise ist die nur sehr selten gesteuerte Runde gegen den Uhrzeigersinn um Neuseeland herum. Der geschilderte Vorfall zu Beginn der 8. Reise wird in der Literatur nicht erwähnt. Der Text aus dem Meteorologischen Journal der HSC ist sowohl an Knappheit und Dramatik kaum zu überbieten! Derart gefährliche Situationen für Schiff und Mannschaft konnten nur Kapitäne meistern, die sowohl in navigatorischer als auch in menschlicher Hinsicht niemals den Überblick verloren. Dabei war ein Großteil der Mannschaft frisch an Bord gekommene Kadetten, die bei der Bewältigung der Schwierigkeiten mit dem Ankergeschirr keine große Hilfe gewesen sein dürften.

Verbleib der HERZOGIN SOPHIE CHARLOTTE

1913 an Schlüter+Maack, Hamburg
1914 an Gatico/Chile; verlegt nach Caleta Buena, dort aufgelegt
1921 an British Shipping Controller, London
1921 an Robert Mattson, Mariehamn/Finnland
1922 an Christian Trondsen, Sarpsborg/Norwegen
1924 in GJERTRUD umbenannt
1927 in Wilhelmshaven abgewrackt

Eisberg voraus!

Antarktis-Expeditionsreise mit MS FRIDTJOF NANSEN

▷ Manuel Miserok (Text und Fotos)

Was Seefahrer fürchten oder zumindest gerne vermeiden, ist bei einer Fahrt mit dem modernsten Expeditionsschiff der Hurtigruten-Flotte im Südpolarmeer beabsichtigt, sogar geradezu erwünscht: die Begegnung mit Eisbergen!

MS FRIDTJOF NANSEN vor Neko Harbour im Februar 2023: Benannt ist diese Bucht nach einem Walfang-Fabrikschiff, das vor genau 100 Jahren in diesem Gebiet im Einsatz war.

Eine lang auslaufende Pazifikdünung mit Wellenhöhen zwischen sechs und maximal zehn Metern stellt in der Drake-Passage, der Meeresstraße zwischen Kap Hoorn und den zur Antarktis gehörenden Südlichen Shetlandinseln, gleich zu Beginn der Reise klar, dass man hier die Komfortzone der üblichen Schifffahrtsrouten verlässt. Während sich der Wellenrhythmus allmählich auf die Schiffsbewegungen überträgt, hat er in der Kabine an Bord der FRIDTJOF NANSEN längst eine ganz spezielle akustische Folter erzeugt. Ein Koeffizient aus der Wellenfrequenz und der durch die Propellerdrehzahl hervorgerufenen Vibration des Schiffskörpers bestimmt die wechselnden Eigengeräusche der knarzenden Schreckenskammer: wahlweise hört es sich an wie ein sehr kleines, knisterndes Feuer, wie eine riesige, umherflatternde Motte mit Flügeln aus Kunststoff oder wie ein in Zeitlupe durch pappnassen Schnee schreitender Yeti mit Schuhgröße 85. Das Empfinden, in einer fortwährend knirschenden Schrottpresse zu schlafen, hat einen mit Zahnschmerzen vergleichbaren Erholungswert, aber immerhin wird man in einer derartigen Geräuschkulisse gewissermaßen ans Zeitalter der Segelschifffahrt erinnert. Aus den Pools auf Deck 10 ist das Wasser abgelassen worden und der Zugang zum offenen Aussichtsdeck 11 ist jetzt gesperrt. „Drake Shake" nennen die Besatzungsmitglieder der FRIDTJOF NANSEN diesen Zustand – der Kapitän wird später auf die Frage eines Gasts, wie schlimm es auf einer Skala von 1 bis 10 denn gewesen sei, seemännisch-sachlich mit „3 bis 4" antworten. Bei der Mehrheit der Mitreisenden erzeugt diese Einschätzung allenfalls ein gequält-freundliches Lächeln, denn am ersten Morgen dieser Fahrt ins Südliche Eismeer bleibt der Frühstückssaal weitgehend leer. Wer dennoch zum Büfett taumelt, ist während der Mahlzeit damit beschäftigt, Kaffeetasse und Saftglas unter Kontrolle zu behalten. Nicht allen glückt der Balanceakt, hier und da landet eine randvoll gefüllte Müslischüssel nach einem kurzen Parabelflug auf dem Teppich. Dank ihrer 3,7 Meter langen, hydraulisch betriebenen Stabilisatoren, die hier als Roll-Preventer bezeichnet werden, erreicht die FRIDTJOF NANSEN unter diesen Bedingungen tatsächlich nur geringe Krängungswinkel von 7 bis 8 Grad zu jeder Seite und entkommt mit 12 Knoten Fahrt dem „Drake Shake" schnellstmöglich. Einzelne seitlich anlaufende Wellen sind es, die beim Gang durch das Schiff den Gleichgewichtssinn herausfordern, und hier offenbart sich gleich ein Minuspunkt in der Ausstattung: Sämtliche Handläufe entlang der Treppen zwischen den Decks sind an der Oberseite hölzern und halbrund, aber darunter mit überstehenden Metallkanten abgeflacht – das ist optisch-gelungenes Design an der falschen Stelle und im Bereich der Seefahrt einfach nur dysfunktional.

Präzisionsmanöver im Eis

Nach einem Tag in der maritimen Achterbahn beruhigt sich der Ozean – die Crew spricht nun vom „Drake Lake", also von einer glatten See-Oberfläche – und sogleich verändert sich die Tonspur an Bord: Vorne auf Deck 10 ist nun

Polarklasse 6: Zwischen Gletschern und Eisschollen lässt sich die FRIDTJOF NANSEN sicher manövrieren.

seichte Live-Klaviermusik zu hören, während weiter achtern einige Artgenossen die anderen Mitreisenden durch das stundenlange Klickerklacker von Spielwürfeln auf einer Holztischplatte gezielt in den Wahnsinn zu treiben versuchen. Aufgrund des geltenden Gravitationsgesetzes hatte die Schaukelfahrt zuvor diese Würfelspielmarter erfolgreich verhindern können. Erst beim Erreichen des Lemaire-Kanals wechselt die Geräuschkulisse auf angenehme Weise in eine Moll-Tonart: Vorne am Rumpf rumpeln dumpf kleinere Eisschollen entlang, in der Meerenge an der Booth-Insel vorbeiziehende Buckelwale blasen gut hörbar, zahlreiche Fotokameras erzeugen leise Doppel-Piepser beim Fokussieren und das Klicken beim Auslösen, um die Faszination des Erlebten im Bild festzuhalten. Asiaten plappern unaufhaltsam, während die meisten anderen in der Lage sind, die majestätisch-eisige Landschaft schweigend auf sich wirken zu lassen. Die 1873 vom deutschen Walfänger-Kapitän Eduard Dallmann entdeckte und 25 Jahre später nach einem belgischen Afrika(!)forscher benannte Lemaire-Passage ist stellenweise kaum breiter als eine Schiffslänge. Um zusätzlichen Kontakt mit dem Meereis zu vermeiden, bleiben die wie Tragflächen abstehenden Roll-Preventer der FRIDTJOF NANSEN in den antarktischen Gewässern dauerhaft eingeklappt. Ab jetzt bestimmt die Natur hier Kurs und Geschwindigkeit: Ein einfamilienhausgroßer Eisblock wird kontrolliert angesteuert, an Backbordseite genommen und per wohldosiertem Druck mit dem Bugstrahlruder aus dem Weg geräumt, den der weiße Riese im schmalen Lemaire-Kanal zuvor versperrt hatte. Gegen dieses filigran ausgeführte Manöver erscheint das beim Hamburger Hafengeburtstag dargebotene Schlepperballett beinahe wie das Samstagnachmittagtreffen der Autoscooterfreunde auf dem Verkehrsübungsplatz.

Rumpf und Schiffsschrauben der Hurtigruten-Expeditionsschiffe der neuesten Generation verfügen über eine beträchtliche Verstärkung. Sie sind als Polarschiffe der Kategorie B zertifiziert und nach der in Norwegen geltenden Klassifizierung in der Eisklasse 1A Super beziehungsweise auf der international geltenden Skala als PC 6 (PC = Polar Class) eingestuft. Schiffe mit der Polarklasse 6 sind für die Sommerfahrt in mittlerem einjährigem Eis (mit älteren Einschlüssen) bis zu einer Dicke von einem Meter geeignet und dürfen bei Tiefsttemperaturen bis –20 Grad Celsius operieren. Reisen im Antarktis-Winter wären mit diesem Schiffstyp demnach nicht zulässig. Die globale Eisklasse PC 6 entspricht der in Deutschland geltenden – vom Germanischen Lloyd festgelegten – höchsten baltischen Eisklasse E4.

65° 10′ Süd, 064° 07′ West: Auf der ebenfalls von Kapitän Dallmann entdeckten und nach einem deutschen Kartographen benannten Petermann-Insel findet der erste Landgang statt. Nicht etwa einer der beiden mit je einer 300 Meter langen Kette ausgestatteten Anker, sondern ein dynamisches Positionierungssystem verhindert hier bei einer Wassertiefe von 136 Metern und einer Windgeschwindigkeit von zwölf Metern pro Sekunde das ungewollte Abdriften der FRIDTJOF NANSEN. Das

Mit antarktischen Eisverhältnissen kommen die Landungsboote gut klar – Grundberührungen an den steinigen Küsten kosten allerdings so manchen der dreiflügeligen Propeller.

System funktioniert auf Knopfdruck gewissermaßen wie ein elektronischer Anker; auf den Schiffskörper einwirkender Wind und Schwell führen allenfalls zu geringfügigen Positionsabweichungen, die computergesteuert ausgeglichen werden.

Vom Expeditionsdeck aus starten die Landungsboote, von denen insgesamt 16 Stück an Bord mitgeführt werden, zur Petermann-Insel. Außenbordmotoren der schwedischen Marke Oxe Marine, deren Leistung zwischen 150 und 250 PS regelbar ist und über einen Gurt auf den Propellerantrieb übertragen wird, lassen die Expeditionsboote sicher und wendig durch die Eismeerlandschaft gleiten.

Deck 9: Kommandobrücke

Nach dem Landausflug ist Gelegenheit für einen Schiffsrundgang. Auf Deck 4 ist die Gangway für die Landverbindung im Hafen, auf dieser Ebene befindet sich die Unterkante eines neben der Fahrstuhl-Lobby angebrachten, 17,5 Meter hohen und 6,5 Meter breiten LED-Bildschirms. Ein Großteil der 264 Kabinen, in denen bei Antarktis-Reisen maximal 500 Personen untergebracht werden, sind über dieses und die darüberliegenden Decks 5, 7 und 8 verteilt. Alle Gästekabinen der FRIDTJOF NANSEN sind außenliegend, etwa die Hälfte verfügt über einen eigenen Balkon, einige Eck-Suiten haben sogar einen privaten Whirlpool im Freien.

Deck 6 ist der Mittelpunkt des öffentlichen Bereichs mit Rezeption, Shop, zwei Restaurants, einer kleinen, gut sortierten Bibliothek, dem mit Mikroskopen und anderem Lehrmaterial ausgestatteten Wissenschaftszentrum („Science Center") sowie einem Außendeck mit der Musterstation bei den Zugängen zu den Rettungsbooten. Vom Außenbereich führt ein Zugang zur vorn auf Deck 7 gelegenen Aussichtsplattform, auf derselben Ebene sind der Fitnessraum und ein Wellnesscenter zu finden. Weitere Kabinen, ein À-la-carte-Restaurant und die Kommandobrücke sind auf Deck 9 angeordnet. Deck 10 bietet eine Mischung aus der Explorer Lounge – einem Aufenthalts- und Vortragsraum mit Bar – im vorderen Bereich sowie der Panoramasauna, dem sogenannten Infinity Pool, zwei Whirlpools und einer weiteren Bar im achterlichen bzw. Außenbereich. Die beste Aussicht bietet das zu allen Seiten offene Außendeck 11 mit 150 Meter langer Rundlaufstrecke und einigen Fitnessgeräten im Freien. Deck 12 – das Dach des Mittschiffs-Aufbaus – dient bei Bedarf als Winschplattform für Helikopter. Fünf Kombüsen sind über verschiedene Decks in nicht öffentlich zugänglichen Schiffsbereichen verteilt, darin bereiten 21 Köche die Mahlzeiten für die Crew und die Gäste zu. Pro Tag werden hier rund 750 Eier, 100 Liter Milch und je 40 Kilogramm Mehl und Reis verarbeitet.

Mittlerweile hat die FRIDTJOF NANSEN die im Wilhelm-Archipel gelegenen Yalour Inseln und damit auf 65° 12' den südlichsten Punkt dieser Reise erreicht. Während die Antarktis-Touristen in Kleingruppen die Expeditionsboote besteigen, ermöglicht Kapitän Bent Ivar Gangdal den Zugang zur Kommandobrücke. Seit 2021 – gut

Gute Aussicht: Blick von der Beobachtungsplattform auf dem Vordeck 7 hoch zur Kommandobrücke auf Deck 9.

Der Einrichtungsstil der Explorer Lounge auf Deck 10 erinnert ans Zeitalter der großen Polarforscher.

Eine übersichtliche Anordnung der Monitore erleichtert die Überwachung aller Systeme und die Navigation.

25 Meter über dem Meer: Die Steuerkonsolen in den Nocken werden hauptsächlich bei Hafenmanövern genutzt.

ein Jahr nach der Indienststellung der FRIDTJOF NANSEN – fährt er auf diesem Schiff. „Ich komme von der Marine und fahre seit etwa 20 Jahren auf Kreuzfahrtschiffen", erzählt der Norweger. „Das Einzige, was ich in der Kreuzfahrtbranche zuvor noch nicht gemacht hatte, waren das Eisbrechen und die wissenschaftliche Erkundung. Deshalb bin ich hier, um mal etwas anderes auszuprobieren. Das Beste daran ist: Man sieht etwas von der Welt, während man arbeitet", freut er sich. Zuerst fällt das schlichte, übersichtliche Design seines Arbeitsplatzes auf: Ein in Schiffslängsrichtung verschiebbarer Steuerstuhl bietet in der vorderen Position einen guten Überblick bei An- und Ablegemanövern sowie in der Eisnavigation. An den Schiffsseiten montierte Kameras sowie gläserne Fußböden in den Brückennocken – 25 Meter über der Wasseroberfläche – erleichtern zusätzlich die Sicht nach draußen.

Über verschiedene miteinander kommunizierende Konsolen wird das Schiff gesteuert, Monitore gewährleisten die Überwachung sämtlicher Bordsysteme und mit großflächigen Touchscreens können die Nautiker die internen Funktionen des Schiffs kontrollieren und anpassen. Eine Besonderheit ist ein Bildschirm mit einer geographischen Darstellung in den für Seekarten unüblichen Farbtönen violett und vollgelb – hierbei handelt es sich um ein spezielles Kartensystem, das für Forschungs- und Expeditions-Kreuzfahrtschiffe einzigartig ist: Da in Antarktika noch viele Gebiete unerforscht sind, sendet jedes auf bisher nicht kartierten Strecken verkehrende Hurtigruten-Schiff Informationen an eine eigene Datenbank, um den Kartensatz zu ergänzen. Insgesamt sechs Crewmitglieder besetzen reihum im Drei-Wachen-System die Kommandobrücke, nur in eisreichen Gewässern gehen sie bei Bedarf zusätzliche Wachen.

MS FRIDTJOF NANSEN
Dimensionen

Länge über alles: 140,02 m
Länge zwischen den Loten: 133,50 m
Konstruktionsbreite: 23,60 m
Breite ü.a. (inkl. Brückennocken): 28,20 m
Maximaler Tiefgang: 5,50 m
Höhe über Wasserlinie: 37,40 m
Freibord: 16,00 m
Verdrängung (bei Tiefgang 5,50 m): 11.790 t
Brutto- und Nettoraumzahl: 21.765 / 7465

Taufe mit Eis-Zeremonie

Im Errera-Kanal vor Cuverville Island, bei einer Wassertiefe von 384 Metern und Nordwind von zwei Metern pro Sekunde, setzen die Mitarbeiter des wissenschaftlichen Expeditions-Teams zwei

Naturforschung auf dem Science Boat: Mittels dieser Scheibe wird die Visibilität des Wassers ermittelt.

Im bordeigenen Wissenschaftszentrum werden Untersuchungen gemeinsam mit den Gästen ausgewertet.

Forschungsboote aus, in denen zuvor per Auslosung bestimmte Gäste mitfahren dürfen. Eine in Chile studierende, französische Meeresbiologin untersucht für ihre Doktorarbeit invasive Arten an Seegras, eine andere Wissenschaftlerin bestimmt die sogenannte Umwelt-DNA, also das von Organismen in ihre Umgebung abgegebene Erbmaterial, in Wasserproben. Als Hobby-Entdecker dürfen sich die mit im Boot sitzenden Gäste bei Messungen der Wasser-Temperatur, -Dichte und -Visibilität beteiligen, eine nachgeschleppte Unterwasser-Kameradrohne liefert eindrucksvolle Bilder aus der oberen Schicht des Ozeans. Im Science Center – ein modern ausgestattetes Labor und Mittelpunkt des Expeditions-Erlebnisses an Bord – untersuchen die Experten anschließend gemeinsam mit den Gästen die gesammelten Wasserproben unter dem Mikroskop auf Planktonteilchen und vermitteln mit viel Sachverstand ein tieferes Verständnis für das zuvor erkundete Meeresgebiet.

Nach einem Wissenschaftler, Polarforscher und Entdecker ist schließlich auch die FRIDTJOF NANSEN benannt. Der aus Norwegen stammende, spätere Friedensnobelpreisträger Nansen (1861–1930) war für seine Innovationen bei Arktis-Forschungsreisen bekannt, leitete die erste Durchquerung Grönlands auf Langlaufskiern und versuchte bei der FRAM-Expedition (1893–1896) den geografischen Nordpol zu erreichen.

Für die Taufe des modernen Hurtigruten-Schiffs wurden folgerichtig zwei Polarforscherinnen als Patinnen ausgewählt: Am 14. September 2021 – vier Jahre nach Projektbeginn und fast zwei Jahre nach der Auslieferung – tauften die Kanadierin Sunniva Sørby und die Norwegerin Hilde Fålun Strøm die FRIDTJOF NANSEN in ihrem Heimathafen Longyearbyen auf Spitzbergen. Anstelle der traditionellen Champagnerflasche zerschellte dabei ein großes Stück Eis an der Bordwand, begleitet von den Worten: „Für das Eis bist du gebaut, im Eis wirst du den größten Teil deines Lebens bleiben, und im Eis wirst du deine Aufgaben erfüllen." Nach Angaben der Reederei ist dieses Ritual auf den norwegischen Seemann und Polarforscher Roald Amundsen

Begegnung mit dem Schwesterschiff: Kurz vor dem Ablegemanöver der FRIDTJOF NANSEN trifft die ROALD AMUNDSEN im Hafen von Ushuaia/Argentinien ein.

(1872–1928) zurückzuführen, der mit dieser Methode 1917 sein Polarschiff auf den Namen MAUD taufte.

Fridtjof Nansen wiederum hatte sein Schiff FRAM an seinen Landsmann Amundsen für dessen Südpol-Expedition weitergegeben, und so darf es als angemessene Anerkennung der zwei großen Entdecker verstanden werden, dass das zuerst fertiggestellte Schwesterschiff der FRIDTJOF NANSEN auf den Namen ROALD AMUNDSEN getauft wurde.

Beide Schiffe sind völlig baugleich, wobei die NANSEN-Besatzung gerne betont, ihr Schiff sei genau einen Zentimeter länger als die AMUNDSEN, ohne dabei aber auf die Umgebungsbedingungen des Messvorgangs näher eingehen zu wollen.

MS FRIDTJOF NANSEN
Informationen zur Registrierung

Kiellegung: 16. August 2017
Werft: Kleven Verft A/S, Norwegen
Eigner: Reederei Hurtigruten AS
Flagge: Norwegen
Heimathafen: Longyearbyen (Spitzbergen)
Rufzeichen: LACN8

Hybrid-Expeditionsschiff

Auf Höhe von Deck 9, an beiden Schiffsseiten der FRIDTJOF NANSEN, ist in unübersehbaren Großbuchstaben der Schriftzug HYBRID POWERED angebracht, wobei die grafische Ausgestaltung des Buchstaben I dem Symbol einer geladenen Batterie ähnelt. Die darin enthaltene Verheißung von „grüner Energie" erklärt der Erste Maschinist Jan Robin Pettersen bei einer Tour durch den Maschinenraum. So weit wie er zurückdenken kann, sagt der Norweger, habe seine Familie einen Bezug zur Seefahrt. Er selbst ist seit 2008 bei der Hurtigruten Reederei beschäftigt und leitet ein aus 16 Personen bestehendes Team. An Bord der FRIDTJOF NANSEN ist dies sein erster Diensttörn, aber das Funktionsprinzip des Hybridantriebs hat er selbstverständlich längst verinnerlicht: „Die vier Motoren an Bord sind Generatoren, die mit schwefelarmem Marinediesel betrieben werden – der einzige Dieselkraftstoff, der hier in der Antarktis hinsichtlich der Emissionswerte verwendet werden darf. Sie erzeugen elektrische Energie und versorgen das gesamte Schiff, von der Beleuchtung bis zum Antrieb, mit Strom. Denn alle großen Verbraucher an Bord sind Elektromotoren, auch die Antriebsmotoren und die beiden Tunnel-Bugstrahlruder. Daneben haben wir zwei große Akkumulatorensets, die entweder von den Dieselgeneratoren aufgeladen werden oder bei Verbrauchsspitzen die Motoren unterstützen, indem sie ihrerseits Strom liefern. Auf diese Weise können wir die Motoren mit einer höheren und stabilen Last betreiben, weil wir dann den optimalen Kraftstoffverbrauch, das beste Brennverhalten, die stabilste Abgastemperatur und die saubersten Emissionen erreichen. Wir fahren niemals nur mit Strom aus dem Batteriepack, weil das nicht zweckmäßig wäre, aber in Notfällen könnten wir das für länger als eine halbe Stunde tun."

Vereinfacht kann man sich das Prinzip so vorstellen, dass die Motoren bei konstanter Leistung die Energie für den normalen Schiffs- und Hotelbetrieb bereitstellen und bei kurzzeitigem Mehrbedarf – beispielsweise bei starken, auf den Antrieb einwirkenden Windböen oder beim täglichen Hochfahren der Küchengeräte – über die Hauptschalttafel zusätzliche Energie aus den Akkus abgegeben wird. „Der Vorteil dieses Systems ist, wie wir die elektrische Energie nutzen", ergänzt Pettersen. „Hätten wir keinen Batteriespeicher, würde die Leistung des Motors auf und ab schwanken. Das ist derselbe Effekt, wie wenn Sie in Ihrem Auto aufs Gaspedal treten: Man presst mehr Kraftstoff in den Motor und die Verbrennung braucht etwas Zeit, um aufzuholen."

In konkreten Zahlen bedeutet das: „Wir können den Motor mit 80 Prozent Last laufen lassen, das ist die optimale Leistung für den Motor. Benötigt das Schiff weniger als 80 Prozent Last von einem der Motoren, dann wird diese Leistung in den Akkus gespeichert. Andersherum: Wenn wir mehr als 80 Prozent Leistung brauchen, dann liefern die Speicher mehr Strom, ohne den Motor ungleichmäßig zu belasten. Auf diese Weise können wir bis zu 20 Prozent Kraftstoff einsparen und den CO_2-Ausstoß um 3000 Tonnen pro Jahr verringern." Durchaus imponierende Werte angesichts eines Diesel-Verbrauchs von 1300 Li-

Nummer 1 und 2 der insgesamt vier Rolls Royce Motoren – der Maschinenraum erstreckt sich über zwei Decks.

Zweite Antriebskomponente: Zukünftig sollen in den Batterieräumen weitere Akku-Packs installiert werden.

Eines der schnellen Rettungsboote bei der Übungsfahrt und backbordseitig beim Aufholmanöver auf Deck 6.

Im Beagle-Kanal bringt das Versetzboot den Revierlotsen, er begleitet das Schiff bis zum Hafen Ushuaia.

Meeresgrund etwa 1500 Meter aufragenden aktiven Vulkans, der zuletzt 1970 ausbrach und dessen Caldera einen großen Naturhafen bildet. In der Übersetzung bedeutet der Name „Insel der Täuschung" und liefert somit ganz nebenbei das passende Stichwort für eine Reise-Kritik, die nicht unerwähnt bleiben soll: Hurtigruten wirbt mit einem „Kajak-Abenteuer in der Antarktis", das als zusätzliches Reiseangebot laut Produktbeschreibung „für alle[!] gedacht ist, die gerne eine separate Kajaktour buchen möchten." Tatsächlich aber erfährt man erst vor der Buchung an Bord, dass bei den Kajakausflügen die Nachfrage stets das Platzangebot übersteigt und die Teilnahme deshalb nur per zufälliger Auslosung möglich ist. Das ist irreführend und genauso ärgerlich wie der Umstand, dass bei den meisten Bustransfers in Argentinien die Reisegäste auf den Bus warten mussten – und nicht umgekehrt, wie man es bei einem großen Reiseunternehmen eigentlich erwarten darf.

In der Gesamtbetrachtung aber sind sowohl die „Höhepunkte der Antarktis" – allein wegen der faszinierenden, permanent ihr Erscheinungsbild ändernden Eislandschaft und der zu beobachtenden Tierwelt mit Walen, Robben und Pinguinen – als auch die FRIDTJOF NANSEN selbst sowie das an Bord in vielen Details umgesetzte Nachhaltigkeitskonzept ein reizvolles und hochwertiges Reiseerlebnis.

Verlassener Ort: Whalers Bay

Von 1912 bis 1931 befand sich an der Walfängerbucht im südöstlichen Teil von Deception Island die von einem norwegischen Unternehmen betriebene südlichste Trankocherei der Welt. Ihre Überreste wurden 1995 als historische Stätte und Monument gemäß dem Antarktis-Vertrag unter Schutz gestellt. Mit ihren verwitternden Ruinen der Materialsilos und Unterkünfte bietet die antarktische Geisterstadt als „Lost Place" einen nostalgisch-bizarren Anblick. Von einem Friedhof mit 35 Gräbern, der bei Vulkanausbrüchen in den 1960er-Jahren weitgehend verschüttet wurde, sind heute nur noch zwei verlassene Grabstätten erkennbar.

Sea Zero – emissionsfrei in die Zukunft

Mit dem Expeditionsreisen-Angebot hat die Hurtigruten Reederei ihr Kerngeschäft der klassischen, norwegischen Postschiffroute stark erweitert. Mitte 2018 übernahm eine Holding-Tochter des Unternehmens 100 Prozent der Anteile an der Kleven Werft, auf der zum damaligen Zeitpunkt die Neubauten ROALD AMUNDSEN und FRIDTJOF NANSEN entstanden. Im Zuge der fortlaufenden Flotten-Modernisierung sollen die CO_2-Emissionen der Hurtigruten-Schiffe um 25 Prozent gesenkt werden und bis 2030 möchte man unter der Projektbezeichnung „Sea Zero" gar die Entwicklung des ersten Null-Emissionen-Postschiffs verwirklichen. Dafür erhielt Hurtigruten im Februar 2023 von der norwegischen „Green Platform Initiative" eine Förderung von 6,7 Millionen Euro. Die von 14 Firmen und Institutionen aus den Bereichen Forschung und Entwicklung unterstützte Einrichtung stellt Mittel für Vorhaben bereit, die sich mit grünem Wachstum und innovativer, forschungsbasierter Umstrukturierung befassen und zur Senkung von Emissionen beitragen. Bereits im August 2022 war eine Machbarkeitsstudie zu möglichen Technologien und Treibstoffen der umweltfreundlichen Passagierschiffe abgeschlossen worden, der zufolge moderne Batterien eine geeignete Option darstellen.

Außergewöhnliche Ziele stehen auch auf dem Reiseplan der FRIDTJOF NANSEN: Im August 2023 startete das Schiff zu einer dreimonatigen Expeditions-Seereise „Von Pol zu Pol – von der Arktis in die Antarktis". Der Routenverlauf: von Island über Grönland, durch die gesamte Nordwest-Passage, entlang der Küsten von Alaska, Kanada, Mittel- und Südamerika, vorbei am Kap Hoorn bis in die Antarktis. Kabinenplätze wurden zum Preis von 42.000 bis 67.000 Euro pro Person angeboten. Kaum ein Fortbewegungsmittel dürfte besser dafür geeignet sein, auch diese seemännische Herausforderung zu bewältigen, als das Polar-Expeditionsschiff FRIDTJOF NANSEN.

Respektvoller Abstand zur Natur: In verschiedenen Projekten engagiert sich die Hurtigruten Foundation für nachhaltigen Tourismus sowie für den Klima- und Artenschutz.

Flensdeck mit der Windenbrücke.
(Heinz Lienau/FWU-Institut für Film und Bild in Wissenschaft und Unterricht)

Südliches Eismeer und weiter …

Die Geschichte des W.M.S. OLYMPIC CHALLENGER

▷ Wolfgang Albers und Peter Schulze

Am 19.November 1949, einem Samstag, warteten im traditionsreichen Hamburger Übersee-Club am Neuen Jungfernstieg 17 fünf Herren auf einen besonderen Gast. Die Einladung zu der Zusammenkunft hatte sie erst am Tag zuvor erreicht. Der Vizepräsident der Bremer Handelskammer, Ernst Glässel, vor dem Krieg im Vorstand des Norddeutschen Lloyd, hatte aus Bremen angerufen. Für 16 Uhr war das Treffen angesetzt.

Versammelt waren neben Ernst Glässel die Direktoren der Howaldtswerke AG in Hamburg und Kiel, Theodor Schecker und Adolf Westphal, Dietrich Menke, der Direktor der Ersten Deutschen Walfang-Gesellschaft (EDWG), einem Tochterunternehmen des Düsseldorfer Henkel Konzerns, sowie Wilhelm Reichert aus Hamburg, der vor dem Krieg bereits als Kapitän für die Henkel-Walfangflotte gefahren war. Der ersehnte Gast erschien mit zwei Stunden Verspätung. Aristoteles Sokrates Onassis war bei Gesprächen im Bankhaus Brinckmann, Wirtz & Co. aufgehalten worden. Die Verspätung nahm man gerne in Kauf, waren doch hohe Erwartungen an diese Begegnung geknüpft. Anfang 1949 war bekannt geworden, dass mit Carl Keysler, der vor dem Krieg den Aufbau der Henkel-Fangflotte betreut hatte, und Dr. Kurt Reiter, einem erfahrenen Hamburger Schiffsingenieur, zwei deutsche Walfang-Experten zur Beratung einer Central American Steamship Comp., die zum Firmengeflecht des griechischen Großreeders gehörte, nach New York verpflichtet worden waren. Kurz darauf hatte Onassis sein Konsortium um eine Olympic Whaling Company mit Sitz in der 42./Broadway, New York, erweitert.

Walfang war damals ein lukratives Geschäft. Walfang-Gesellschaften warfen Dividenden von bis zu 100 Prozent ab. In den Jahren von 1937 bis 1949 hatte sich der Preis für das begehrte Öl der Tiere auf dem Weltmarkt vervielfacht. Kostete die Tonne, in Britischen Pfund gehandelt, vor dem Krieg acht bis 18 £, stieg der Preis nach dem Krieg auf 100 bis 125 £.

Onassis lockte der Profit. Bereits seit den 1930er-Jahren hatte er mit dem Gedanken gespielt, ins Walfanggeschäft einzusteigen. 1934 hatte er auf der Überfahrt von Buenos Aires nach Genua an Bord des italienischen Luxuskreuzfahrtschiffes AUGUSTUS den Eigner einer der größten Walfangflotten Norwegens, Lars Christensen, kennengelernt. Dieser kehrte gerade mit einigen Freunden von einem Ausflug in die Antarktis zurück. In dessen Begleitung befand sich auch Ingeborg Dedichen, Tochter eines anderen norwegischen Walfangmagnaten, Ingvald Bryde, der 1931 verstorben war. Zwischen ihr und Onassis entwickelte sich eine langjährige Liaison, die ihm privat Zugang in norwegische Walfängerkreise verschafft hatte. Versuche allerdings, mit den Norwegern auch geschäftlich zu kooperieren, waren gescheitert. Die hatten ihre eigenen Konditionen, denen Onassis sich nicht beugen wollte. Dazu kam das rigide norwegische Walfang-Gesetz, das seinen Bürgern bei Androhung hoher Strafen jedwede Unterstützung des Walfangs ausländischer Akteure untersagte. Über den Sohn von Ernst Glässel, der in New York ein Schiffsmaklerbüro betrieb, war der Kontakt zu deutschen Walfängern zustande gekommen. Deutschland war vor dem Krieg in Folge seiner Autarkiepolitik zur drittgrößten Walfang-Nation der Welt aufgestiegen. Mit der JAN WELLEM von Henkel, der UNITAS von UniLever, der WALTER RAU vom Margarine-Konzern Rau sowie der SÜDMEER und der WIKINGER, die beide der Deutschen Ölmühlen Rohstoff GmbH gehörten und vom Hamburger Walkontor bereedert

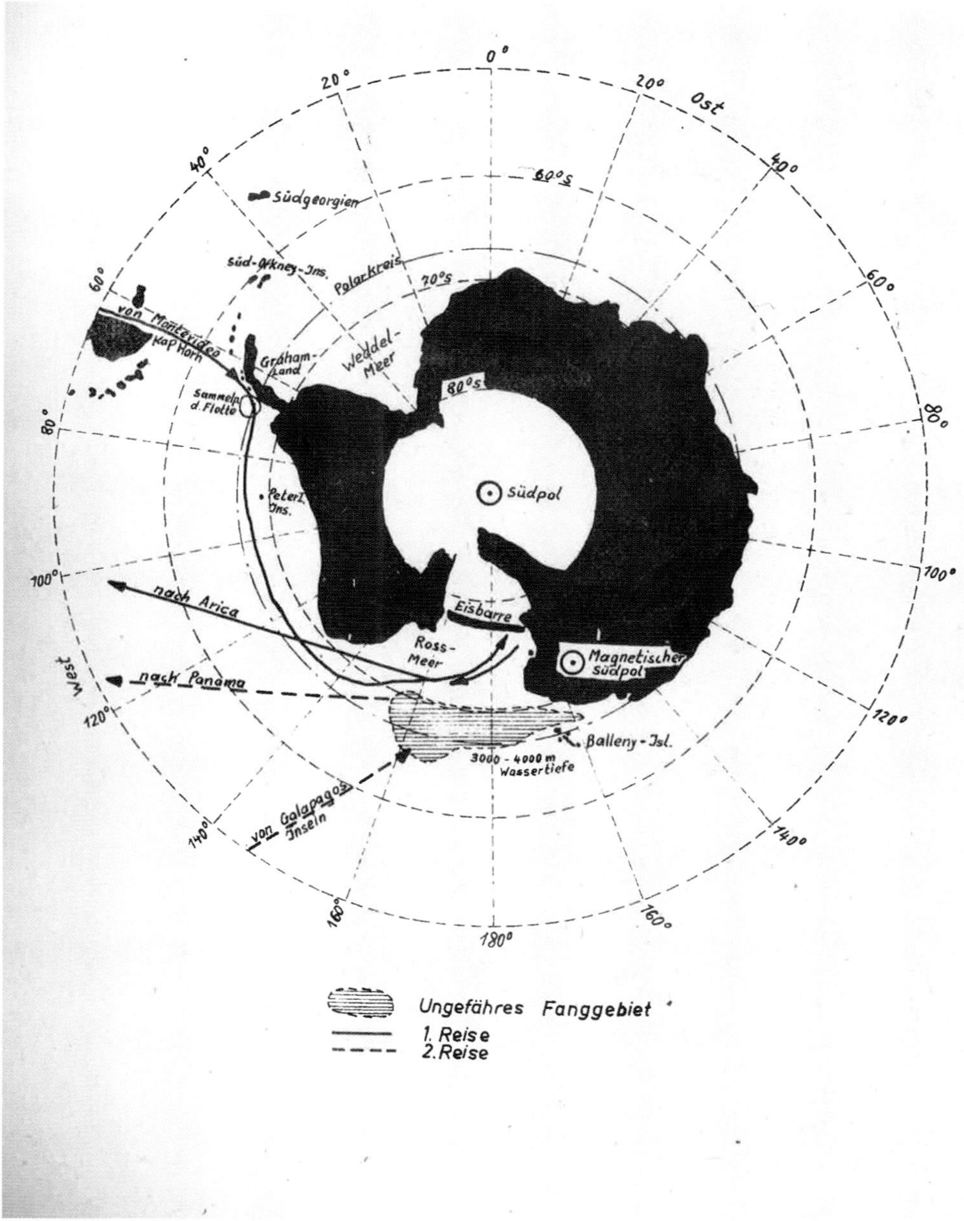

Das Fanggebiet. (Album OLYMPIC Whaling, Slg. Albers)

wurden, waren in der antarktischen Fangsaison 1938/1939 fünf Flotten mit insgesamt 41 Fangbooten unter deutscher Flagge auf Fang im Eismeer Zählt man noch die gecharterten Schiffe des Hamburger Walkontors dazu, waren insgesamt sieben Mutterschiffe und 56 Fangboote mit deutscher Beteiligung im Eismeer.
Dietrich Menke berichtet, im Übersee-Club habe Onassis schnell deutlich gemacht, worum es ihm ging. Er und sein „Board" verstünden nichts vom Walfang und hätten auch nicht die Zeit, sich in die Materie einzuarbeiten. Er suche verlässliche Männer, immerhin handle es sich um eine mögliche Investition von zehn Millionen Dollar, die das operative Geschäft für ihn managen könnten. Offenbar hatte er die richtigen Partner gefunden. Man verstand sich. Kurzfristig wurden weitere Termine arrangiert und bereits vier Wochen später, am 9. Dezember 1949, konnte der Vertrag zwischen der Olympic Whaling Company INC. mit Sitz am Harvestehuder Weg 13 in Hamburg und der Ersten Deutschen Walfang-Gesellschaft unterschrieben werden. Während die Olympic Whaling Company die Verantwortung für die betriebstechnischen und schiffsrechtlichen Angelegenheiten sowie die Anheuerung der norwegischen Schützen für die Fangboote übernahm, wurde die EDWG mit der Beratung und Vertretung in Deutschland und der Ausrüstung und Bemannung der Flotte beauftragt. Ein neues Kapitel deutscher Walfanggeschichte war aufgeschlagen.
Schon einen Tag später erhielten die Howaldtswerke in Kiel von der Olympic Maritime S.A. mit Sitz in Monte Carlo, Monaco, den Auftrag, den amerikanischen 10.448 BRT Tanker HERMANN F. WHITON in eine Kocherei umzubau-

Die OLYMPIC CHALLENGER. (Heinz Fremke/Staatsarchiv Hamburg)

In der Fabrik. Universalkocher Nr. 12 Backbord. (Slg. Albers)

en. Das Schiff war ursprünglich auf der Swan Island-Werft der Kaiser Company in Portland gebaut worden und am 16. Oktober 1943 als OREGON TRAIL vom Stapel gelaufen. Es entstammte der Baureihe jener T2-SE-A1-Tanker, die nach den Ereignissen um Pearl Harbor zur Unterstützung der US-Marine auf amerikanischen Werften mit einer Bauzeit von 70 Tagen in Massenserie produziert worden waren und für die es nach dem Krieg keine weitere Verwendung mehr gab.

Der Auftrag stellte die Howaldtswerft vor eine gewaltige Aufgabe. Man stand unter Zeitdruck, war doch der Vertrag als Termingeschäft deklariert. Knapp zehn Monate blieben, sollte das Schiff rechtzeitig zu Beginn der neuen Fangsaison in der Antarktis eintreffen. Würde der vereinbarte Liefertermin 20. Oktober 1950 nicht eingehalten, wären pro Tag Verzögerung 20.000 DM Konventionalstrafe fällig. Zeitweise arbeiteten bis zu 2000 Mann Tag und Nacht an dem Schiffskörper. Die Pläne für den Umbau stammten von dem norwegischen Schiffsarchitekten Hermann Christensen. Zahlreiche Um- und Einbauten waren notwendig. Für die lange Zeit im Eis brauchte es für die Mannschaft passable Wohn- und Gemeinschaftsräume und entsprechende Sanitäranlagen.

Um den nötigen Platz für die Umbauten und die Kochereianlagen zu schaffen, musste zunächst der Schiffsraum auf 13.021 BRT vergrößert werden. Dazu wurden der alte Schornstein und das alte Deckshaus abgetragen, dann wurde das Schiff im Trockendock hin-

Auf dem Flensdeck – Einfüllloch für die Speckkocher. (Slg. Albers)

Erbeuteter Wal in der „Slip". (Slg. Albers)

en lassen. Alte U-Boot-Jäger wurden zu modernen Wal-Catchern. Vier der Boote sollten unter der Flagge Panamas laufen, die anderen unter der von Honduras, Heimatha-

Die Schwanzklaue der Slipanlage. (Slg. Albers)

OLYMPIC CRUISER bunkert Öl. (Kurt Boll/Slg. Albers)

Walöl-Absetztank Steuerbord. (Slg. Albers)

fen Puerto Cortez. Die rund 700 BRT großen Boote mit einem Tiefgang von 4,70 Metern hatten zwischen den Loten eine Länge von 57,91 Metern und eine Breite von 10,06 Metern. Sie erreichten eine Geschwindigkeit von bis zu 16 Knoten. Schnitger-Propeller sorgten für die bessere Manövrierbarkeit. Ihre 2800 PS starken Motoren wurden durch ölgefeuerte Dampfmaschinen angetrieben. Ihr Ölverbrauch war hoch. Bei maximaler Geschwindigkeit verbrauchten sie bis zu 36 Tonnen. Da Norwegen dem landeseigenen Kanonenhersteller Kongsberg den Export von Schießgerät untersagt hatte, waren sie für die Schützen mit schwedischen 90 mm-Bofors Harpunen-Kanonen ausgerüstet.

Zur Navigation diente eine Kreisel-Kompassanlage, deren Kühlung später auf Fahrt große Schwierigkeiten machen sollte und die deshalb zum Teil auf See umgebaut werden musste, wie aus einem Bericht von Sven Thienemann, dem Kapitän von FANGBOOT 1, an die EDWG hervorgeht. Auch mit der Funkanlage und dem Funkpeiler gab es Probleme. Nur sechs der Boote waren überhaupt mit einer Radaranlage ausgestattet, die aber auch nicht immer einwandfrei funktionierte.

FANGBOOT 1, die OLYMPIC LEADER, war auch das Expeditionsboot des Fangleiters. Auf ihr waren zudem drei Privaträume exklusiv für Onassis vorbehalten. Auch sie verfügte wie das Mutterschiff über eine Landeplattform für den

Fangboot 12 in der Ross-See.
(Kurt Boll/Slg. Albers)

90-mm-Bofors-Harpunenkanone. (Hanno Ciliax/Slg. Albers)

Helikopter, die allerdings so verbaut war, dass sie nicht genutzt werden konnte.

Am 21.Oktober 1950, 315 Tage nach Auftragserteilung, ging die OLYMPIC CHALLENGER in weiss-grau-grünem Gewand in der Kieler Bucht bei herrlichstem Wetter auf Probefahrt. Neben Onassis nahmen auch der Vizepräsident seiner Reederei, Nicolas Cokkinis, Werftdirektor Adolf Westphal, Betriebsdirektor Tohtz, Ober-Ingenieur Klehn sowie zahlreiche Gäste teil. An Bord auch der legendäre norwegische „König der Walfänger" Lars Andersen. Er galt als der weltbeste Wal-Schießer und war als Fangleiter der Flotte engagiert worden. Bekannt auch dafür, dass er sich wenig um internationale Regeln scherte. Von 1937 bis 1939 hatte er bereits als Fangleiter der Walter Rau-Flotte in deutschen Diensten gestanden. In Norwegen war er deshalb als Nazi-Kollaborateur und Quisling-Sympathisant geächtet und mit einer hohen Geldstrafe von 150.000 Dollar belegt worden. Über persönliche Kontakte hatte man ihn in Argentinien aufgespürt und telefonisch kontaktiert. Am selben Nachmittag wurde die Reedereiflagge mit dem weißen Kreuz auf blauem Feld und dem griechischen Omega in der Mitte auf orangenem Feld aufgezogen und die Hoheitsflagge der Republik von Panama gehisst. Ursprünglich hatte das Schiff unter amerikanischer Flagge laufen sollen, deshalb waren während des gesamten Umbaus auch stets zwei Beamte der amerikanischen Schifffahrtsbehörde in der Werft und kontrollierten die Einhaltung amerikanischer Baubestimmungen. Kurzfristig hatte sich Onassis jedoch anders entschieden und das Schiff in die Verantwortung seiner Walfang-Gesellschaft in Panama gegeben. Die amerikanische Heuer und die Abgaben waren ihm zu hoch. Da die Republik von Panama zu dieser Zeit aber noch nicht über eine konsularische Vertretung in Deutschland verfügte, sollte die offizielle Registrierung später in Le Havre über den panamesischen Konsul in Frankreich erfolgen.

Die Einschiffung der Crew, für die Onassis 500 blaue Seemannsuniformen bei Peek & Cloppenburg hatte schneidern lassen, begann am 25. Oktober. Zwischenzeitlich waren auch die riesigen Provianträume überbordend gefüllt. Allein 85 Tonnen Kartoffeln, 45 Tonnen Mehl in Holzfässern, 50.000 Dosen konservierte Milch und 30 Tonnen Gefrierfleisch wurden eingelagert. In den vier Kühlräumen hingen ganze Rinderhälften. Auf dem Oberdeck waren in Verschlägen 50 Schweine als lebende Frischfleisch-Reserve untergebracht, für die eigens der Schlachter Walter Gürtler an Bord war. Selbst an Weihnachtsbäume hatte man gedacht, 23 Tannen und der notwendige Christbaumschmuck waren für das Fest in der Antarktis mitgenommen worden.

Am 28. Oktober, gegen vier Uhr in der Früh, verließ das Schiff den Kieler Hafen. Die Fangboote waren zu diesem Zeitpunkt bereits Richtung Südamerikaküste vorgefahren. Erst vor Montevideo sollte sich die Flotte treffen.

Dank geht an Helga Barthelmess, die uns Einblick in das Archiv ihres Mannes gewährte und an die Walfänger Helmut Dreizler, Walter Lippold, Günter Quander, Kurt Rehder, Erich Reupke und Peter Sass, die uns von ihrem Leben an Bord erzählten.

Die Walwinden. (Hanno Ciliax/Slg. Albers)

Die Deutsche Marine heute – Korvette ERFURT beim Flugkörper-Schießen. (Bundeswehr, Marcus Mohr)

175 Jahre Deutsche Marinen

Die Historie der deutschen Seestreitkräfte

▷ Fregattenkapitän a.D. Achim Winkler

Trotz eines rauen und stürmischen Umfelds: Die Deutsche Marine zählt innerhalb des NATO-Verbunds zu den schlagkräftigsten Seestreitkräften. Hochmoderne U-Boote, Fregatten und Korvetten festigen diesen Ruf, ebenso das motivierte und qualifizierte Personal. Neue Waffensysteme wie die Fregatte F 126, der Seefernaufklärer P-8A Poseidon, Drohnensysteme, sowie die NH 90-Hubschrauber Sea Lion und Sea Tiger werden aktuell eingeführt. Den 175. Geburtstag der Deutschen Marine nehmen wir an dieser Stelle zum Anlass, unseren Blick ins Geschichtsbuch zu lenken.

Eine Woche vor dem Sommeranfang, exakt am 14. Juni 2023, feierte die Deutsche Marine ihren 175. Geburtstag. Warum das? – so mag sich mancher verwundert fragen. Historisch begründet durch das Ende des Zweiten Weltkrieges und den anschließenden Neubeginn hat doch die Bundeswehr – und damit auch deren Marine – vor wenigen Jahren erst ihr 60-jähriges Bestehen gefeiert. Wo kommen so plötzlich die besagten 175 Jahre her? Und warum eigentlich „Deutsche Marine" und nicht wie gewohnt „Bundesmarine"? Außerdem – wieso tragen unsere deutschen Flaggen eigentlich die Farben schwarz-rot-gold?

Alle drei Fragen sind recht simpel zu beantworten, auch wenn die Antwort auf die Fragen nach dem 175. Geburtstag der Deutschen Marine und nach dem Ursprung unserer Flagge eine differenzierte Betrachtung erfordert. Doch ein Blick in die Geschichtsbücher der vergangenen zwei Jahrhunderte bringt schnell Klarheit.

Der Deutsche Bund und der Seehandel

Zu Beginn des 19. Jahrhunderts war die politische Lage in Europa durch die noch nicht allzu lange zurückliegende Französische Revolution und die darauffolgende Regentschaft von Napoleon und dessen Zwangsherrschaft geprägt. Nach seiner Abdankung im April 1814 tagte von September 1814 bis in den Juni 1815 der Wiener Kongress. Ziel war es, nach den Befreiungskriegen eine europäische Neuordnung auf den Weg zu bringen. Basierend auf einem freiheitlich-liberalen Grundgedanken und ge-

Logo 175 Jahre Deutsche Marinen. (Deutsche Marine)

tragen von der Hoffnung auf einen gesamtdeutschen Nationalstaat, war das Ergebnis für die insgesamt mehr als 40 deutschen Königreiche, Fürstentümer und freien Städte die Gründung des Deutschen Bundes. Dahinter verbarg sich eine lose Konföderation der vielen deutschen Teilstaaten. Zu deren Mitgliedern zählten außerdem die Könige Großbritanniens, der Niederlande und Dänemarks, weil diese ebenfalls Herrschaftsgebiete auf deutschem Territorium besaßen. Belastet wurde der Deutsche Bund von Beginn an durch die Rivalität zwischen dem Kaisertum Österreich und dem Königreich Preußen. Trotz deren Rivalität um die Führungsrolle hatte die Allianz bis zum Deutschen Krieg 1866/67 Bestand.

Mit Beginn der Industrialisierung in der ersten Hälfte des 19. Jahrhunderts gewann der internationale Seehandel innerhalb kurzer Zeit stark an Dynamik. Insbesondere die norddeutschen Staaten bereederten Handelsflotten von beträchtlicher Größe. Seestreitkräfte zum Schutz der Handelsschiffe gab es innerhalb des Deutschen Bundes jedoch faktisch nicht. Über Flotten verfügten nur die Mitgliedsstaaten Groß-

Schleswig-Holsteinische Erhebung 1848. (Archiv Deutscher Marinebund e.V.)

britannien, Dänemark und die Niederlande. Von den deutschen Teilstaaten unterhielten lediglich die beiden größten, das Kaisertum Österreich und das Königreich Preußen, jeweils eine Flotte. Beide jedoch ohne eine tatsächliche Bedeutung, denn die im Aufbau befindliche preußische Flotte war noch sehr klein. Die Flotte Österreichs hingegen war im Mittelmeer beheimatet und damit räumlich zu weit entfernt, außerdem durch einen permanenten Zwist mit Italien dort gebunden. So wurden vermehrt Rufe zur Schaffung einer eigenen deutschen Flotte laut, die aber zunächst ungehört verhallten. Jahre sollte es dauern, bis sich das änderte.

Die Marinegeschichte nimmt ihren Lauf

Erhebliche politische Beben löste 1848 die Februarrevolution in Frankreich auf nahezu dem gesamten europäischen Kontinent aus. Diverse bis dahin untergründig schwelende Konflikte brachen offen aus. So auch ein für die weitere Entwicklung hin zu einer Deutschen Marine maßgeblicher Streit zwischen dem Königreich Dänemark und den Staaten des Deutschen Bundes. Streitobjekt waren die beiden Herzogtümer Schleswig und Holstein aufgrund einer politischen Besonderheit. Letzteres war Teil des Deutschen Bundes, das deutsch und dänisch besiedelte Schleswig nicht, sondern de facto ein dänisches Lehen. Im Kern des Streites stand die Frage, ob beide Teilstaaten zum Deutschen Bund und einem späteren deutschen Nationalstaat oder zum Königreich Dänemark gehörten. Fast 400 Jahre vorher war vereinbart worden, dass beide Herzogtümer „up ewig ungedeelt", also auf ewig ungeteilt bleiben sollten, wie es seinerzeit vom regierenden dänischen König Christian I. gebilligt und 1460 im Vertrag von Ripen festgeschrieben worden war. Dieses als Schleswig-Holsteinische Erhebung bekannte politische Scharmützel eskalierte und mündete im März 1848 in den Ersten Deutsch-Dänischen Krieg. Sofort errichtete die dänische Flotte eine Seeblockade vor den deutschen Küsten, kaperte mehrere Dutzend deut-

Nationalversammlung in der Frankfurter Paulskirche 1848 mit Bild der „Germania" über dem Podium. (Deutsches Germanisches Nationalmuseum Nürnberg, teilweise nachkoloriert durch Deutsche Marine, Peter Brandenburg)

Prinz Adalbert von Preußen. (Archiv Ulf Kaack)

scher Handelsschiffe und brachte den Handel über See praktisch zum Erliegen. Das Fehlen jeglicher Seestreitkräfte zum wirksamen Schutz der wehrlosen Handelsschiffe auf deutscher Seite machte sich schmerzlich bemerkbar. Einmal mehr wurden Forderungen nach einer eigenen Marine laut.

Als Reaktion auf dieses kriegerische Szenario beschloss die Deutsche Nationalversammlung am 14. Juni 1848 in der Frankfurter Paulskirche die Aufstellung einer eigenen Marine. Sechs Millionen Reichstaler stellte man für den Bau von Kriegsschiffen als Budget bereit. Hauptplaner der neuen Flotte war Prinz Adalbert von Preußen, dem aus diesem Grund auch heute noch ein Denkmal im Marinestandort Wilhelmshaven gewidmet ist. Am Ende bestand die Flotte – offiziell als Reichsflotte, wesentlich häufiger aber als Bundesflotte bezeich-

Dampfgetriebene Radkorvette. (Archiv Deutscher Marinebund e.V.)

net – aus 27 Ruderkanonenbooten sowie elf größeren Kriegsschiffen, einige davon bereits von modernen Dampfmaschinen angetrieben.

Militärischer Erfolg vor Eckernförde

Im Strandgefecht bei Eckernförde konnte am 5. April 1849 ein dänisches Geschwader durch eine schleswig-holsteinische Küstenbatterie spektakulär und ohne eigene Verluste besiegt werden. Das Linienschiff CHRISTIAN VIII wurde manövrierunfähig geschossen und anschließend vernichtet, während die Fregatte GEFION erobert und in der Folge unter dem Namen ECKERNFÖRDE als zwölftes größeres Schiff zusätzlich in den Dienst der Reichsflotte gestellt

Zeitgenössische Darstellung des Strandgefechts bei Eckernförde, Explosion des dänischen Linienschiffes CHRISTIAN VIII. (Archiv Deutscher Marinebund e.V.)

Dänische Fregatte GEFION. (Archiv Deutscher Marinebund e.V.)

Seeflagge der Reichsflotte mit kaiserlichem Doppeladler 1848.

Konteradmiral Karl-Rudolf Bromme, genannt Brommy. (Archiv Deutscher Marinebund e.V.)

wurde. Alle Schiffe führten die schwarz-rot-goldene Flagge – die erste Deutsche Marine war geboren. Als Befehlshaber setzte man 1849 Kapitän zur See Karl-Rudolf Bromme, genannt Brommy, ein, der kurz darauf zum Konteradmiral befördert wurde. Sein Sitz befand sich in Brake an der Unterweser. Parallel dazu erweiterte das Königreich Preußen seine bereits bestehende kleine Marine kontinuierlich, behielt diese wegen interner Spannungen innerhalb des Deutschen Bundes aber weiterhin unter eigener Kontrolle.

Nebenbei sei an dieser Stelle erwähnt, dass angesichts des Konflikts mit Dänemark auch die Schleswig-Holsteiner eine eigene kleine Flotte ins Leben riefen, die losgelöst von der gesamtdeutschen Reichsflotte agierte. Diese erzielte gegen die überlegene dänische Flotte einige kleine Achtungserfolge. Von herausragender Bedeutung ist sie aber wegen zweier technisch

Schleswig-Holsteinisches Kanonenboot VON DER TANN. (Archiv Deutscher Marinebund e.V.)

Der BRANDTAUCHER im Bau in Kiel. (Archiv Deutscher Marinebund e.V.)

wegweisender Innovationen: Das dampfgetriebene Kanonenboot VON DER TANN verfügte nicht nur über eine neuartige und sehr leistungsstarke Antriebsanlage, sondern war auch eins der ersten nicht mehr mittels Schaufelrad, sondern durch eine Schraube angetriebenen Seefahrzeuge – seinerzeit eine technische Revolution, die sich in der Folge aber flächendeckend rund um den Globus durchsetzte. Daneben entstand in der gleichen Zeit der BRANDTAUCHER, das erste funktionsfähige U-Boot überhaupt. Zwar ist es bereits beim ersten Tauchversuch in der Kieler Förde gescheitert, was aber nicht an der Konstruktion, sondern nur an mangelnder Bauausführung lag. Der Erfinder Wilhelm Bauer konnte sich samt seinem Team aus dem gesunkenen Boot retten und seine Idee weiter perfektionieren. Dieser erste Versuch, ein unter Wasser operierendes Kriegsschiff zu bauen, stellt den Ursprung aller weiteren Entwicklungen des weltweiten Baus von U-Booten bis heute dar. Der BRANDTAUCHER wurde 36 Jahre nach seinem Verlust vom Grund der Kieler Förde geborgen und restauriert. Er ist heute im Militärhistorischen Museum der Bundeswehr in Dresden ausgestellt.

Das Ende der Reichsflotte

Trotz einiger kleinerer Erfolge erlangte die Reichsflotte im Konflikt mit Dänemark nie eine wirklich durchgreifende Bedeutung. Die einzige Begegnung mit der dänischen Flotte im Sinne eines tatsächlichen Kräftemessens war das Gefecht von Helgoland am 4. Juni 1849, das letztlich ergebnislos abgebrochen wurde. Nach dem Ende des Krieges mit Dänemark und dem Scheitern eines ersten Versuchs zur Ausrufung eines gesamtdeutschen Staates beschloss der Bundestag die Auflösung der Flotte. Der Befehl dazu erging am 31. März 1853. Zu diesem Zeitpunkt waren die Schiffe bereits teilweise an Preußen abgegeben oder versteigert und deren Besatzungen entlassen worden. Noch keine fünf Jahre waren vergangen, da war die erste Deutsche Marine schon wie-

Seegefecht vor Helgoland am 4. Juni 1849. (Archiv Deutscher Marinebund e.V.)

Die Schiffe der Reichsflotte werden versteigert. (Archiv Deutscher Marinebund e.V.)

Flagge „C" des internationalen Signalflaggenalphabets als Doppelstander. Erkennungszeichen der Schiffe und Boote der GMSA.

Räumboot der GMSA unter Flagge „C". (Archiv Deutscher Marinebund e.V.)

der Geschichte. In der gleichen Zeit wurden auch die Farben Schwarz-Rot-Gold wieder abgeschafft und sollten für lange Zeit ebenfalls Geschichte sein. Die Preußische Marine bestand indes weiter und wurde zur Wahrung preußischer Interessen zügig ausgebaut. Sie überstand die weiteren politischen Entwicklungen und avancierte nach dem Deutschen Krieg im Jahr 1866 für kurze Zeit zur Marine des neuen Norddeutschen Bundes. Nach dem Krieg gegen Frankreich 1871 und der anschließenden Gründung des Deutschen Kaiserreiches bildete sie schließlich den Nukleus für die Aufstellung der Kaiserlichen Marine. Vor dem Hintergrund eines neu entstandenen See-, Kolonial- und Weltmachtstrebens wurde diese in einem regelrechten Wettrüsten mit Großbritannien zu einer starken Hochseeflotte ausgebaut. Nach dem Ende des Ersten Weltkriegs und auch der Monarchie gestand man Deutschland in der Zeit der Weimarer Republik weiterhin eine Marine zu – die hinsichtlich ihrer Stärke allerdings erheblich eingeschränkte Reichsmarine. Nachdem die Nationalsozialisten 1933 die Macht übernommen hatten, wurde die Reichsmarine zur Kriegsmarine und erfuhr erneut eine starke Aufrüstung. Das Ende des Zweiten Weltkrieges bedeutete gleichzeitig auch deren Ende. Danach gab es in Deutschland für etwa zehn Jahre lang überhaupt keine Marine, sieht man einmal davon ab, dass mehrere Tausend ehemalige deutsche Marinesoldaten für einige Jahre in der GMSA, der German Mine Sweeping Administration, unter alliiertem Kommando in Nord- und Ostsee große Zahlen von Seeminen geräumt haben. In Ermangelung einer deutschen Nationalflagge führten deren Schiffe und Boote die Flagge „C" des internationalen Signalalphabets als Erkennungszeichen.

Spurensuche: Schwarz-Rot-Gold

Die Epoche zwischen der Auflösung der Reichsflotte bis zum Ende des Zweiten Weltkrieges wird an dieser Stelle nur kurz erwähnt, aber nicht weiter betrachtet. Natürlich haben sich

Gemälde der „Germania" aus der Frankfurter Paulskirche 1848. (Deutsches Germanisches Nationalmuseum)

die Ereignisse dieser Zeit tatsächlich ereignet und stellen historische Fakten dar, doch sie gehören ausdrücklich nicht in das Geschichts- und Traditionsbewusstsein der heutigen Deutschen Marine! Dieser Zeitraum von knapp einem Jahrhundert bündelt im Grunde vier Epochen von verschiedenen Marinen deutscher Nationen: Preußische Marine, Kaiserliche Marine, Reichsmarine sowie Kriegsmarine. Sie alle führten verschiedene Flaggen – jedoch keine davon eine schwarz-rot-goldene. Der Geschichtstreue halber muss an dieser Stelle aber vermerkt werden, dass die Farben schwarz-rot-gold auch jene der Weimarer Republik waren und auch in der Gösch, einem kleinen „Fenster" in der linken oberen Ecke der Flagge der Reichsmarine, zu sehen waren. Dieser Umstand war jedoch nur von kurzer Dauer und ist durch die politischen Strömungen jener Zeit und die beiden großen Weltkriege eher bedeutungslos. Erst mit der Aufstellung der Bundeswehr und damit auch der Bundesmarine – und der Vollständigkeit halber auch der NVA und der Volksmarine der DDR – ab der Mitte der 1950er-Jahre erfuhr die schwarz-rot-goldene Flagge eine Renaissance, und das auf beiden Seiten.

Die Flagge in den Farben schwarz-rot-gold geht zurück auf die bereits erwähnten Befreiungskriege der napoleonischen Ära. Einige Historiker datieren deren Herkunft deutlich weiter ins Mittelalter zurück, als ein kaiserlich-goldener Schild mit darin abgebildetem schwarzen Reichsadler mit roten Fängen und Schnabel zum kaiserlichen Wappen des Heiligen Römischen Reiches Deutscher Nationen wurde. Diese Sichtweise ist jedoch umstritten. Unstrittig ist dagegen die Bezugnahme auf das frühe 19. Jahrhundert. Einer der Verbände der preußischen Armee war zu dieser Zeit das Lützow'sche Freikorps, das nicht aus regulären Soldaten, sondern aus oberflächlich ausgebildeten Freiwilligen, im Grunde aus Zivilisten bestand. Von einer freiheitlich-liberalen Überzeugung und der Begeisterung für einen gesamtdeutschen Nationalstaat getrieben, nahmen diese an den Kämpfen teil. Für ihre Uniformen stand ausschließlich schwarzes Tuch zur Verfügung. Die daraus genähten Gehröcke versah man mit roten Aufschlägen an Ärmeln und Kragen sowie goldfarbenen Knöpfen aus Messing – und fertig war eine Uniform in schwarz-rot-gold. Diese Farbgebung gilt seither als Symbol für einen freiheitlich-liberalen Grundgedanken und eine deutsche Republik. In Form von Fahnen wurden sie erstmals beim Hambacher Fest 1832 gezeigt. Später fanden sie sich in jener Flagge wieder, die 1848 durch die Nationalversammlung offiziell zur Flagge des Deutschen Bundes – und somit auch der Bundesflotte – erklärt wurde.

Zu dieser Zeit schmückte ein mehr als vier mal drei Meter großes Gemälde von Philipp Veit, die „Germania", die Frankfurter Paulskirche. Abgebildet ist eine Frauengestalt, die mit gebrochenen Fesseln, einem Schwert sowie einer wallenden schwarz-rot-goldenen Fahne vor aufgehender Sonne den Willen des Deutschen Volkes nach Freiheit und Einigkeit symbolisiert. Mit ein wenig Phantasie ist ein Vergleich mit der „Lady Liberty", der amerikanischen Freiheitsstatue vor New York, naheliegend und sicher erlaubt. Auch diese zeigt eine Frauengestalt, angelehnt an die römische Friedensgöttin Libertas, die, ebenfalls mit gebrochenen Ketten zu ihren Füßen, den Freiheitswillen der amerikanischen Nation verkörpert. Das Gemälde der „Germania" wurde nach dem Scheitern der bürgerlichen Revolution und dem erfolglosen Versuch der Bildung eines gesamtdeutschen Staates wieder aus der Frankfurter Paulskirche entfernt. Es blieb aber existent und hängt heute im Germanischen Nationalmuseum in Nürnberg.

An dieser Stelle schließt sich der Kreis. Zwar war der ausgeprägte Volkeswille nach einem gesamtdeutschen Nationalstaat 1848 am Widerstand und an der Macht der Obrigkeit gescheitert, aber die gleichzeitig ins Leben gerufene Reichsflotte etablierte sich als eine vom Parlament kontrollierte gesamtdeutsche Marine mit dem Attribut der Bündnisfähigkeit. Auch wenn der Reichsflotte nur eine kurze Lebensdauer beschieden war, weist sie etliche Parallelen zur heutigen Zeit auf. Sichtbares verbindendes Element ist die schwarz-rot-goldene Flagge. Insofern sieht sich die heutige Marine der Bundesrepublik Deutschland in deren Tradition. Aus diesem Grund erhielt sie 1995, fünf Jahre nach der Wiedervereinigung, wieder den Namen Deutsche Marine. Wenige Jahre später, am 14. Juni 1998, jährte sich der einstige Parlamentsbeschluss aus der Frankfurter Paulskirche zum 150. Mal und wurde offiziell als 150. Geburtstag der Deutschen Marine begangen. Seitdem wird dieser Tag alljährlich als Marinegeburtstag gefeiert – in diesem Jahr zum 175. Mal.

Der Name „Deutsche Marine"

Abschließend sei ein weiterer kurzer Blick auf die eingangs aufgeworfene Frage nach dem Namen unserer heutigen Marine gerichtet. Unmittelbar nach dem Ende des Zweiten Weltkriegs trat der Konflikt zutage, der die Siegermächte in zwei Lager trennte. Innerhalb weniger Jahre entstand eine Teilung in die beiden großen Blöcke Ost und West und manifestier-

Die Anfänge der Bundesmarine: Minensucher der einstigen Kriegsmarine unter Bundesdienstflagge. (Archiv Deutscher Marinebund e.V.)

te in der Folge auch die Teilung Deutschlands. Die NATO und der Warschauer Pakt entstanden, die beiden nach dem Krieg verbliebenen deutschen Teile wurden in die jeweiligen Blöcke integriert und mit eigenen Streitkräften versehen. Auf westlicher Seite entstand ab Mitte der 1950er-Jahre die „Bundeswehr", auf östlicher Seite parallel die „Nationale Volksarmee", kurz NVA genannt. Beide erhielten eine maritime Komponente, die „Seestreitkräfte der NVA" und ab 1960 „Volksmarine der NVA" einerseits, sowie die „Seestreitkräfte der Bundesrepublik Deutschland" andererseits. Letztere war im allgemeinen Sprachgebrauch als „Bundesmarine" über mehrere Jahrzehnte hinlänglich bekannt. Die Dienstflaggen beider Mari-

Die Anfänge der Volksmarine der NVA: Torpedo-Schnellboote der Shershen-Klasse. (Archiv Deutscher Marinebund e.V.)

Die Deutsche Marine heute ist eine Bündnismarine in der NATO. (Bundeswehr)

nen sahen unterschiedlich aus, basierten aber beide auf den wiederbelebten Farben schwarz-rot-gold.

Der Kalte Krieg endete, das bis dahin geteilte Deutschland wurde zur Bundesrepublik Deutschland wiedervereinigt. Mit der DDR hörte auch die NVA auf zu existieren. Teile des Personals der Volksmarine integrierte man in die Bundesmarine. Fortan gab es in Deutschland nur noch diese eine Marine. Damit war der Weg frei, sich der oben beschriebenen Entwicklung in der Mitte des 19. Jahrhunderts wieder zu erinnern. So wurde aus der Marine der Bundesrepublik Deutschland im Jahre 1995 offiziell die Deutsche Marine. Diese Umbenennung hat sich bislang noch nicht flächendeckend etabliert. So erklärt sich, dass auch heute, mehr als 25 Jahre später, die Bezeichnung Bundesmarine selbst in Fachpublikationen immer noch wie selbstverständlich genutzt wird, auch wenn es seit einem guten Vierteljahrhundert Deutsche Marine heißen müsste.

Dienstflagge der Bundesmarine und der Deutschen Marine.

Seeflagge der Volksmarine der Nationalen Volksarmee der DDR.

den Erhalt eines Vertreters einer einst aufsehenerregenden Schiffsklasse von 1961/62 lieferte. Heute ist die fahrbereite CAP SAN DIEGO an der Überseebrücke ein maritimes Denkmal der Hamburger Schiffbau- und Reedereigeschichte.
Im Oktober 1992 ging Kludas im Deutschen Schifffahrtsmuseum in den Ruhestand und zog sich in sein Haus nach Grünendeich an der Elbe zurück.
Er veröffentlichte weiter bedeutende Werke über Fracht- und Passagierschiffe, über Reedereien sowie über Hamburg und seinen Hafen. Dabei konnte er sich auf seine riesige Bibliothek und die in Jahrzehnten aufgebaute Fotosammlung stützen. Dazu gehörte vor allem das fünfbändige Werk über die Schiffe der Hapag, das übrigens in einem Bremer Verlag erschien.
Schifffahrtshistoriker aus aller Welt suchten weiter Kontakt zu Kludas mit stets großzügig erfüllten Bitten um Auskünfte und weitere Unterstützung. Solange es ihm möglich war, hielt Kludas persönlich, brieflich und telefonisch Kontakt zu Freunden und Weggefährten. Auch ich habe davon oft und intensiv profitiert. Für mich war es eine Ehre, dass Arnold Kludas 2017 seine Biografie von Karl-Heinz Schwadtke und eine Auswahl von dessen Fotos aus den 1960er-Jahren in seinem letzten Bildband „Auf der Weser" mit mir veröffentlicht hat.

Arnold Kludas 2017 mit Harald Focke in seinem Arbeitszimmer in Grünendeich. (Tobias Gerken)

DFV
Deutscher Fährschiffahrtsverein e.V.
FÆHREN...
...sind unser Thema
VEREINSMAGAZIN FÆHREN
DFV INTERN
VEREINSFAHRTEN
REGIONALE TREFFEN
Jetzt informieren
und Mitglied werden:
WWW.FAEHRVEREIN.INFO

Voith-Schneider-Schlepper STIER

Exponat im Deutschen Schifffahrtsmuseum

▷ Christian Ostersehlte

Der 1857 gegründete Norddeutsche Lloyd (NDL) war einst Bremens größte Reederei und hat mit seinen überseeischen Liniendiensten, allen voran den legendären Transatlantiklinern, in historischer Zeit in der breiten Öffentlichkeit bis weit ins Binnenland Furore gemacht. Dabei fiel oft unter den Tisch, dass es auch andere Geschäftszweige gab, die stets im Schatten der so eindrucksvollen wie publikumswirksamen Hochseeflotte des NDL standen. Hierzu zählte die Schleppschifffahrt. Ein ganz besonderer Schlepper mit einer revolutionären Technik ist noch heute an Land im Außenbereich des Deutschen Schifffahrtsmuseums am Alten Hafen in Bremerhaven zu besichtigen – der Voith-Schneider-Schlepper STIER.

Schlepper STIER im Jahr 2018. (Tobias Gerken)

Es ist kaum bekannt, dass bei der Gründung des Norddeutschen Lloyd durch maßgebliche Kreise aus der bremischen Kaufmannschaft, vor allem durch den „königlichen Kaufmann" H.H. Meier (1809–1898) eine bereits 1853 gegründete Bugsierfirma als ein wichtiges Standbein in die Neugründung eingebracht wurde. Von Anfang an besaß der NDL somit eigene Schlepper. Diese Flotte wurde in der Folgezeit weiter betrieben und ausgebaut. Nach bisherigen historischen Erkenntnissen ergibt sich das Bild, dass bis zum Ersten Weltkrieg vor allem Assistenzen für die so zahlreichen eigenen Frachter und Passagierschiffe als Hauptaufgabe im Vordergrund standen. Daneben spielte ein firmeneigener Dienstzweig aus mehr als hundert Schleppleichtern, mit dem die überseeischen Waren an der deutschen Küste verteilt wurden, als weiteres Tätigkeitsfeld für die Lloyd-Schlepper eine wichtige Rolle. Der Lloyd bugsierte und verholte sich damals vor allem selbst.

Als nach dem Ersten Weltkrieg der NDL alle seine großen Einheiten über 1600 BRT an die Entente abliefern musste, hielt sich die Reederei zunächst nur mit ihren Schleppern und Leichtern über Wasser. In Ermangelung einer eigenen Flotte begann der Lloyd, nunmehr auch für fremde Reedereien tätig zu werden. Hierzu musste er mit einer anderen angestammten Bugsierfirma auf der Unterweser entsprechende Abmachungen treffen, und zwar mit der 1890 gegründeten Unterweser Reederei AG (URAG). Als der NDL längst wieder eine eigene Überseeflotte besaß, waren seine Schlepper weiterhin auch für Fremdfirmen tätig.

STIER auf Werftprobefahrt 1954. (Historisches Archiv Fr. Lürssen Werft/Bildarchiv)

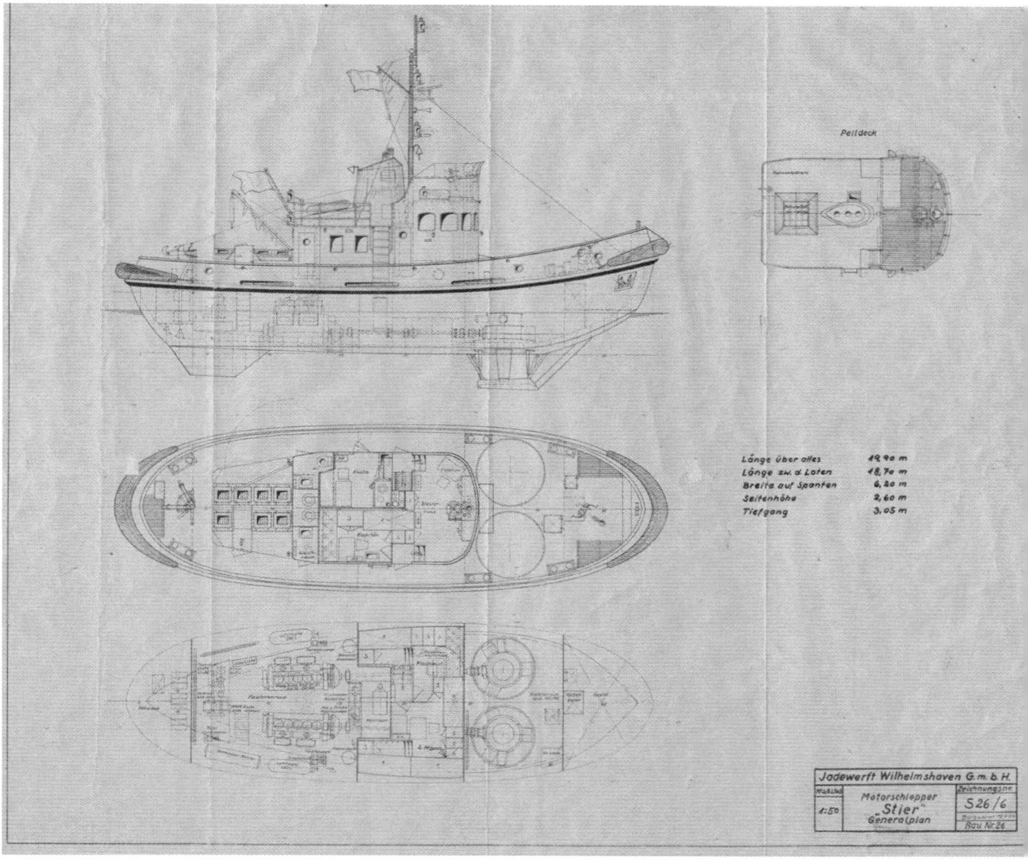

Generalplan der STIER. (Deutsches Schifffahrtsmuseum)

Dasselbe wiederholte sich nach dem Zweiten Weltkrieg, als der Lloyd wiederum seine Überseeflotte verlor. Wieder waren es die Schlepper, die den NDL durch die unsicheren Jahre der Nachkriegszeit im wahrsten Sinne des Wortes bugsierten, ehe nach 1951 wieder alles in den gewohnten Geleisen laufen konnte. Vor dem Hintergrund der beginnenden Nachkriegskonjunktur, die nicht nur dem NDL den Wiedereinstieg in das traditionelle Überseegeschäft ermöglichte, sondern auch für reichliche Beschäftigung für die eigene Schlepperflotte auf der Unterweser sorgte, sind der Bau und die Indienststellung des Schleppers STIER zu sehen. Als Namensvorgänger hatte 1921 der Lloyd von der AG „Weser" in Bremen einen Schleppdampfer (700 PSi) erhalten, der 1944 in Brest verlorenging.

Zusammen mit einer Barkasse assistiert STIER beim Stapellauf des norwegischen Frachters GARNES am 30. April 1966 bei der Lürssen Werft in Lemwerder. (Historisches Archiv Fr. Lürssen Werft/Bildarchiv)

Nach dem Zweiten Weltkrieg stand beim Lloyd eine dringend notwendig gewordene Erneuerung der Schlepperflotte an, die damals noch bis in die Zeit vor 1914 zurückreichte und größtenteils aus Dampfern bestand. Dabei ging es nicht nur um bloße Neuanschaffungen, sondern um innovative technische Ansätze. Immer wieder hatte der Lloyd tragische Schlepperunfälle zu beklagen, bei denen es Tote gab und wo der instabile Trossenzug bei herkömmlichen Schraubenschleppern zumindest teilweise eine Rolle spielte. Ebenso stand eine verbesserte Manövrierfähigkeit auf der Tagesordnung.

In den 1950er-Jahren zeichneten sich interessante technische Alternativen ab. Schon in der Zwischenkriegszeit hatte die Maschinenbaufirma J.M. Voith in Heidenheim nördlich von Ulm einen neuartigen Propeller entwickelt und erprobt. Er besteht aus senkrechten, mit einer komplizierten Mechanik und Hydrodynamik stufenlos verstellbaren Flügeln auf einer drehbaren Rundplatte. Dieses Konzept erlaubt ein optimales Manövrieren, wie es bei Schleppern besonders in engen Revieren wichtig ist. Die unkonventionelle Treckeranordnung der beiden Propeller, die vor der Position des Schlepphakens montiert sind, bietet den großen Vorteil eines stabilen, also relativ kentersicheren Trossenzugs.

Doch der extrem komplizierte Voith-Schneider-Antrieb erwies sich zunächst als äußerst störanfällig und reifte erst nach dem Zweiten Weltkrieg technisch aus. Zwar wurden Anfang der 1950er-Jahre im Binnenland mehrere kleine Voith-Schneider-Schlepper gebaut, doch die eigentliche Premiere dieses Antriebs für die alltäglich so fordernde Seeschiffsassistenz erfolgte an der deutschen Küste. Hierfür hatte der NDL eine noch relativ neue Werft auserkoren. Im 1869 gegründeten Wilhelmshaven war ab 1870 die einstige Kaiserliche Werft entstanden, die spätere Kriegsmarinewerft, die nach 1945 der Demontage verfiel und 1947 geschlossen wurde. Auf ihrem Terrain siedelten sich Firmen verschiedener Branchen an, die in der örtlichen Historie als Nachfolgebetriebe bezeichnet werden. Zu ihnen zählte auch die Jadewerft, die von zwei einstigen Marinebaubeamten, Heinz Zeigerer (1916–1989) und Manfred Krutein (1917–2002) aus der Taufe gehoben wurde und im Juni 1947 ihre Tätigkeit aufnahm. Die Jadewerft sollte sich nach Freigabe der Beschränkungen für den deutschen Schiffbau auf dem Feld kleinerer und mittlerer Neubauten profilieren. Hierzu zählten Kümos, Seebäderschiffe, staatliche Dienstfahrzeuge unterschiedlichen Typs und eben auch Schlepper. Heutzutage gehört der Betrieb zur Lürssen-Gruppe in Bremen und hat sich vor allem auf Instandsetzungen und Reparaturen spezialisiert.

Auf der Jadewerft lief am 10. Dezember 1953 ein Schlepperneubau (Bau-Nr. 26) für den NDL vom Stapel, der am 1. Mai 1954 seine Probefahrt absolvierte und anschließend als STIER abgeliefert wurde. Seine Daten: Länge über alles 19,90 Meter, Breite auf Spanten 6,20 Meter, Seitenhöhe 2,60 Meter, Tiefgang 3,05 Meter, 76 BRT, Antrieb durch zwei MODAG-Diesel

Einer der beiden Voith-Schneider-Propeller der STIER. (Historisches Archiv Fr. Lürssen Werft/Bildarchiv)

(je 350 PS), Pfahlzug neun Tonnen. Das Ruderhaus besitzt für einen Schlepper dieser Größe geräumige Abmessungen. Die anheimelnd wirkende Holztäfelung fällt auch ein wenig aus dem Rahmen und präsentiert einen „Dampferstil", der Gedanken an kulturelle Traditionen des NDL hervorruft. Darüber ist ein oberer offener Steuerstand angeordnet, so dass das Schiff wahlweise von zwei Positionen aus gefahren werden konnte.

Die STIER schlug als Prototyp so gut ein, dass der NDL nicht lange danach bei der Jadewerft eine Fünferserie (BÄR, MARS, WAL, WOLF und LUCHS, 840 PS) bauen ließ, die 1955 bis 1958 der Lloyd-Flotte zulief. Weitere Voith-Schneider-Schlepper folgten in den kommenden Jahrzehnten. Die URAG folgte diesem Beispiel und erhielt 1959 die HEMELINGEN mit diesem Antrieb, der sich auch bei dieser Reederei schnell durchsetzte. Daneben wurden Schraubenschlepper von beiden Firmen noch bis Anfang der 1970er-Jahre in Dienst gestellt. Sie hatten einen höheren Wirkungsgrad beim Trossenzug, vor allem für die Assistenz der ganz großen Tanker in Wilhelmshaven (seit 1957). Inzwischen hat der Voith-Schneider-Schlepper auf der Unterweser längst eine wichtige Position eingenommen.

Über den unspektakulären, aber wohl vielseitigen Dienst der STIER ist, abgesehen von Fotos des Schiffes bei der alltäglichen Arbeit in Archiven an der Unterweser, wenig bekannt. Die Besatzung bestand aus einem Schiffsführer, eventuell noch einem Steuermann, zwei Matrosen, einem Maschinisten und gegebenenfalls noch einem Motorenwärter, also insgesamt vier bis sechs Mann. Die Kapitänskajüte befindet sich hinter dem Steuerhaus, daneben liegt an Backbord die Kombüse, unter Deck befindet sich an Steuerbord ein Viermannlogis, an Backbord die Kammer für den Maschinisten.

Nach der Fusion der beiden Großreedereien Hapag und Norddeutscher Lloyd 1970 wurde aus dem einstigen Schleppdienst des NDL 1974 das in Bremerhaven ansässige Unternehmen Hapag-Lloyd Transport & Service (T & S). Der traditionelle NDL-Anstrich mit braun-weißen Aufbauten und gelbem Schornstein entsprach nicht mehr dem „poppigen" Zeitgeschmack der 1970er-Jahre und wich deshalb einem orange-grauen (später orange-weißen) „Look" mit dem neu geschaffenen Hapag-Lloyd-Logo, wobei die Schiffsnamen erhalten blieben. T & S wurde 1994 vom Mutterkonzern abgestoßen und hieß dann nur noch Transport & Service. 2004 erwarb schließlich die ebenfalls traditionsreiche Bugsier-Reederei- und Bergungs-AG in Hamburg (gegründet 1866) das Bremerhavener Schleppunterneh-

STIER als Museumsschiff im Deutschen Schiffahrtsmuseum in Bremerhaven, März 2016. (Christian Ostersehlte)

Blick in den Fahrstand und in den Maschinenraum.
(Tobias Gerken)

men. Dabei haben die übernommenen Schlepper zwar den Anstrich der Bugsier, die inzwischen in die Hamburger Reederei Fairplay aufgegangen ist, nach und nach übernommen, ihre Namen aus der Lloyd-Zeit aber behalten.

Am 30. Januar 1978 erledigte der Schlepper STIER seine letzte Aufgabe, als er als Kopfschlepper in Bremerhaven dabei half, die dringend restaurierungsbedürftige Museumsbark SEUTE DEERN in ein Schwimmdock im Kaiserhafen zu bugsieren, während die WAL als Heckschlepper fungierte. Bereits im Herbst 1977 hatte Hapag-Lloyd Transport & Service die STIER dem Deutschen Schifffahrtsmuseum als Schenkung angeboten. Nach der Assistenz für die SEUTE DEERN wurde das Schiff übergeben und in eine Armada von nunmehr 63 historischen Originalfahrzeugen eingereiht. Am 24. Juli 1978 hievten zwei Autokräne den Schlepper aus seinem Element und bockten ihn an Land auf, damit die Besucher den unkonventionellen Antrieb des Schiffes, wohl der Hauptgrund für dessen Erhaltung, in Augenschein nehmen konnten.

Da das Schiff seit 1954 keine wesentlichen technischen Änderungen erfahren hatte, ersetzte man im Herbst 1978 den orange-grauen durch den ursprünglichen traditionellen Lloyd-Anstrich, mit dem das Schiff seinerzeit in Dienst gestellt worden war. 1984 wurde einer der beiden Propeller mit einem Elektroantrieb sowie einer gläsernen Schutzhaube versehen. Er kann sich seither zu Demonstrationszecken drehen. Seit 1986 ist der Schlepper für Besuchergruppen zugänglich, die wegen der Enge zahlenmäßig begrenzt sein müssen. Immer wieder renoviert, ist der Schlepper STIER als technikgeschichtlich bedeutsames Großexponat nach wie vor ein wichtiger Blickfang im Freigelände des Deutschen Schifffahrtsmuseums in Bremerhaven.

Spijöök

Museum für Mythen und Seemannslegenden in Varel

▷ Manuel Miserok (Text und Fotos)

Beim Besuch des maritimen Museums am Vareler Hafen betritt man ein bizarres Panoptikum, das auf den Besucher in etwa so wirkt, als hätte Q, der Leiter der Forschungs- und Entwicklungsabteilung des britischen Geheimdienstes in den James Bond Filmen, sein Labor in der Villa Kunterbunt, dem Zuhause von Pippi Langstrumpf, eingerichtet.

Eine seitlich und oberhalb der Eingangstür montierte hölzerne Nachbildung eines roten Samtvorhangs weckt bestimmte Erwartungen ... und tatsächlich: Dahinter eröffnet sich eine Arena der maritimen Sensationen, eine Bühne der skurrilen Kreativität. Auf rund 250 Quadratmetern Ausstellungsfläche stehen, liegen und hängen unzählige fantasievoll gestaltete Objekte und absonderliche Unikate unter dämmriger Hafenkneipenbeleuchtung. Tauwerk, Fischernetze, ausgewehte Flaggen, Bootsausrüstung und mehr oder weniger abgewrackte Schiffsmodelle bilden die passende Kulisse für das Kuriositätenkabinett. Eine noch größere Anzahl an Gegenständen pro Flächeneinheit in einem Gebäude unterzubringen, dürfte technisch kaum möglich sein.

In einer Ecke des Raumes ist eine Kneipe eingerichtet, deren Theke aus einem in Längsrichtung halbierten Bootsrumpf besteht. Dahinter steht ein Mann mit schwarzem Admiralshut, schwarzer Uniformjacke – der Ärmelaufschlag mit goldenen Streifen und Knöpfen besetzt – und weit aufgeknöpftem, schwarzem Freibeuterhemd darunter. Man würde sich kaum wundern, käme ein Holzbein zum Vorschein, sobald er hinter dem Tresen hervortritt, und gleichzeitig fragt man sich, wohin wohl der Papagei gerade entflogen sein könnte, der normalerweise auf seiner Schulter sitzt. „Willkommen in der Hafenkneipe Käpt'n Bluff", begrüßt Gerald Chmielewski seine Gäste. „Sie stand früher auf der anderen Seite des Vareler Hafenbeckens und in ihr wurden diese eher unvorteilhaften Arbeitsverträge geschlossen ... Wer hier sein Bier trank, der wachte mit einer gewissen Wahrscheinlichkeit auf dem Weg in die Karibik wieder auf. Ja, hier wurden die Matrosen schanghait! Der Tresen besteht aus einem alten Tretboot – naja, jedenfalls wurde es so genannt, weil die Matrosen immer dagegen getreten haben, wenn sie ein Bier bestellen wollten." Aha, sogleich wird klar, auf welche Art von Museumsführung man sich hier eingelassen hat.

Museumsführer Gerald Chmielewski in der Kneipe Käpt'n Bluff: „Zechprellern wird der Bar-Fuß abgehackt!"

Störtebekers Hinrichtung

Seinen Rundgang beginnt Gerald an einer Ausstellungsfläche, auf der eine Henker-Figur dargestellt ist, die einen abgetrennten Kopf in der Hand hält. „Was wir hier aufgebaut haben, zeigt die Hinrichtung Klaus Störtebekers", stimmt er im seriösen Tonfall eines Museumskurators an. „Er wurde 1401 von der Hanse vor Helgoland gefangen genommen, nach Hamburg gebracht, hingerichtet – und zwar stehend." Man darf sich die Überprüfung der historischen Genauigkeit dieser Orts- und Jahresangaben getrost ersparen, denn für den Rest der Geschichte werden sie sich ohnehin als bedeutungslos herausstellen. Der weitere Vortrag im Originalton: „Störtebeker wettete damals mit dem Scharfrichter: Würde er es schaffen, ohne Kopf an seinen 70 Mitgefangenen vorbeizulaufen, dann sollten die freigelassen werden. An elf seiner Leute lief der Kopflose entlang, bevor der Henker ihm ein Bein stellte. Störtebeker stürzte, der Rest seiner Bande wurde enthauptet und die Köpfe wurden von der Hanse auf diese Pfähle hier genagelt und zur Abschreckung entlang der Elbe aufgestellt." Dabei deutet er auf einen aufgepflockten Schädel, der auch ohne näheres Hinsehen mit einem Kunststoffprodukt made in China eine deutlich größere Ähnlichkeit aufweist als mit einem menschlichen Skelett. „Und hier haben wir sogar einen echten Kopf eines dieser Vita-

Henker bei der Hinrichtung: Diese Szene stellt in historischer Exaktheit Störtebekers Enthauptung dar.

lienbrüder", behauptet er dazu mit gewichtigem Unterton. „Daneben sehen wir eine Original-Brusttätowierung von einem Seefahrer aus Störtebekers Likedeeler-Bande, sie zeigt eine echte Schatzkarte! Eine der tätowierten, schwarzen Linien entspricht der Form des Jadebusens in der Form, wie er zu Störtebekers Zeit aussah. An der mit dem Kreuz markierten Stelle befand sich das »Schwatte Brack«, aber das ist mittlerweile verlandet, da steht heute die Ortschaft Neustadtgödens drauf. Die Suche nach dem Schatz ist also äußerst schwierig, man müsste schon ein sehr tiefes Loch buddeln." Diejenigen Zuhörer, die mit ihrem Gesichtsausdruck vage Zweifel am Wahrheitsgehalt des Schatzsucher-Märchens erkennen lassen, macht er zur Ablenkung schnell auf einen kleinen Haufen Brotkrümel aufmerksam: „Das hier ist ein Zwieback-Puzzle. Für Seeleute, wenn sie mal Langeweile hatten."

Meersalz und Rum

„Unser seemännisch bewandertes Personal nimmt Sie mit auf eine Reise in die bisweilen komische Vergangenheit der friesischen Küste. Anhand von einzigartigen Exponaten werden Mythen der weiten See auf den Prüfstand gestellt und müssen zum Teil ganz neu bewertet werden", so heißt es im Informationsmaterial des Museums. Eine erstaunliche Neubewertung erfährt eine berühmte Seemanns-Biografie dann tatsächlich, als Gerald aus der Störtebeker-Ära vier Jahrhunderte vorwärts springt und an der nächsten Station doziert: „1848 kam Admiral Brommy mit dem Kriegsschiff BARBAROSSA die Weser rauf gefahren und gründete in Brake die erste deutsche Kriegsmarine. Weniger bekannt ist: Admiral Brommy navigierte noch mit diesem Gerät hier", fügt er eine dramatische Pause ein und präsentiert währenddessen ein leicht verbeultes, rotes Blechspielzeug. „Der Brommykreisel mit Sternen und Gradzahlen drauf! Den benutzte er zum Navigieren und zur Bestimmung des Polarsterns." Noch während das verblüffte Publikum angesichts der seemännischen Raffinesse bei der Erfindung dieses Präzisions-Navigationsinstruments in ehrfürchtigem Staunen erstarrt, nimmt die Schilderung der Ereignisse eine

Navigationsgerät aus dem 19. Jahrhundert: Das letzte original erhaltene Exemplar eines Brommykreisels.

ungeahnte Wendung. „Brommy beging aber einen schwerwiegenden Fehler: Weil der Kreisel an seiner breitesten Stelle sehr scharfkantig ist und man ihn nicht in Bewegung setzen sollte, was er dennoch tat, verlor er sein rechtes Bein. Aufgrund der von dem Kreisel ausgehenden Verletzungsgefahr entwickelte man fast zeitgleich den berühmten Sextanten; der Brommykreisel verkam daraufhin zum Kinderspielzeug."

In einer nachgebildeten Bootstischlerei aus dem letzten Jahrhundert erfährt man Erstaunliches: „Nebenbei schnitzten die ortsansässigen Bootsbauer gerne Galionsfiguren, denn das waren sehr lukrative Aufträge. Oder sie stellten aus purer Langeweile hölzerne Handgranaten her, die haben die Friesen sich bei Auseinandersetzungen gegenseitig an den Kopf geschmissen. Auch geschnitzte Holzbeine waren stark nachgefragt, wobei unter Seefahrern vor allem Schmuggler-Holzbeine mit eingebautem Geheimfach sehr beliebt waren."
Jetzt wird schlagartig klar, warum ein relativ bedeutungslos aussehendes Bambusgewächs von etwa zehn Zentimetern Durchmesser in der Ausstellung zu sehen ist: Der innere Hohlraum des Bambusrohrs ist natürlich nichts anderes als ein unauffälliges, als Unterschenkel getarntes Schmuggelversteck. „Die Dinger waren ein

Verkaufsschlager", schwärmt unser Geschichtenerfinder. „Dafür sind die Matrosen hierhergekommen und haben sich sogar freiwillig ein Bein absägen lassen!" Erneut ein rasantes Ablenkungsmanöver, bevor eine kritische Rückfrage aus der Reihe der Zuhörer Geralds Wahrhaftigkeit auf die Probe stellen könnte: „Hier haben wir übrigens eine ganze Sammlung Flaschenpost – sogar in der Variante Einschreiben mit Rückschein!" Alle von Gerald aufgetischten Anekdoten schmecken stark nach Meersalz, gewürzt mit einer Prise Kanonenpulver, und am besten spült man sie mit einem großen Schluck Jamaika-Rum herunter.

Die Legende von Hein Grog

Ebenso haarsträubend sind einige Episoden aus neuerer Zeit, wie etwa diejenige über die vordere Bootsrumpf-Hälfte mit der aufgemalten Unglücksnummer 13: „Dieser Bootsrumpf gehörte einst Hein Grog, einem bekannten Fischer und Trinker hier aus der Region. Einst kam er pickepackevoll vom Fischfang zurück, das Schleusentor schloss bereits und nur die vordere Hälfte seines Bootes schaffte noch die Durchfahrt. Hein Grog selbst kam dabei ums Leben. Deshalb stammt aus seiner Zeit das berühmte Sprichwort: Wer zu spät kommt, den bestraft die Schleuse." So schnell, wie Gerald sein Seemannsgarn spinnt, kriegt man es kaum aufgewickelt.

Selbstverständlich verfügt das Spijöök-Museum auch über eine beachtliche TITANIC-Abteilung. Als bedeutendste Ausstellungsstücke sind hier das Original-Toilettenfenster des legendären Passagierdampfers, ein Schriftstück, eine leere Flasche sowie eine mysteriöse Kiste zu nennen.

Mit der ihm verliehenen Kompetenz erklärt Gerald, was es mit den einzelnen Exponaten auf sich hat: „Das Toilettenfenster befand sich in einer langen Reihe an vorletzter Stelle hinten am Heck. Interessant dabei ist, dass man damals schon Milchglas verarbeitete, damit von außen keiner reingucken konnte. Etwas weiter unten sehen wir ein echtes Telegramm, das in der Nacht des Untergangs am 14. April 1912 von Bord der TITANIC aufgegeben wurde und sogar direkt nach Varel adressiert war. Der Absender Günther Onken schreibt an Hertha Onken, Osterstraße 45: Wetter gut. Habe sogar einen Eisberg gesehen." Mit diesen Worten bricht das Telegramm ab, Geralds Kenntnisse über die wahre Ursache des TITANIC-Unglücks aber sind an dieser Stelle längst noch nicht erschöpft: „In dieser leeren Flasche befindet sich das inzwischen verdunstete Wasser von dem Original-Eisberg, den die TITANIC rammte. Und in der großen Kiste dort unten bewahrte Kapitän Smith den gesamten Vorrat an Enteisungs-Spray auf. Leider hatte er im entscheidenden Moment den Schlüssel verloren."

Allmählich erreichen wir auf unserer maritimen Zeitreise die Epoche der Gegenwart und betrachten mit einer Mischung aus Neugier und Skepsis einen wahrscheinlich in der Werkstatt von Daniel Düsentrieb konstruierten Gegenstand, an dessen vermuteter Steuerbord-

Das Fischereikennzeichen mit der 13 rief das Unheil hervor: Ein Schleusentor entzweite Hein Grogs Boot.

seite zwar das Wort U-Boot aufgemalt ist, dem aufgrund seiner Farbe sowie der Anordnung von ohren-ähnlichen Lichtspots allerdings eine seltsame Ähnlichkeit mit einem Ferkel nicht abzusprechen ist. „Es handelt sich hierbei um das berühmte Einweg-U-Boot", holt Gerald jeden an die Nutztierhaltung abschweifenden Gedanken sofort wieder in die Welt der Seefahrt zurück. „Für Forschungszwecke im Wattenmeer konstruiert, zeichnet es sich durch eine Besonderheit aus: Es konnte nämlich nur abwärts–, aber nicht wieder auftauchen. Das brauchte es ja auch gar nicht zu können, weil wir hier Ebbe und Flut haben. Man tauchte bei Flut, hatte dann sechs Stunden Zeit zum Forschen, und bei Ebbe stieg man einfach wieder aus." Obgleich dieses einfache und doch so geniale Prinzip alleine schon eine Serienfertigung hätte nahelegen müssen, kann der allwissende Museumsdirektor sogar noch weitere Vorzüge des Ein-Personen-Forschungsfahrzeugs hinzufügen: „Aufgrund der gezeitenabhängigen Nutzbarkeit brauchte man im U-Boot keinerlei Messinstrumente. Man schaute kurz durch die Bullaugen und sah: kein Wasser mehr! Dann öffnete

Sieht man selten: Tauchboot mit seitlicher Einstiegsluke und abwärts gekrümmtem Schnorchel im Bugbereich.

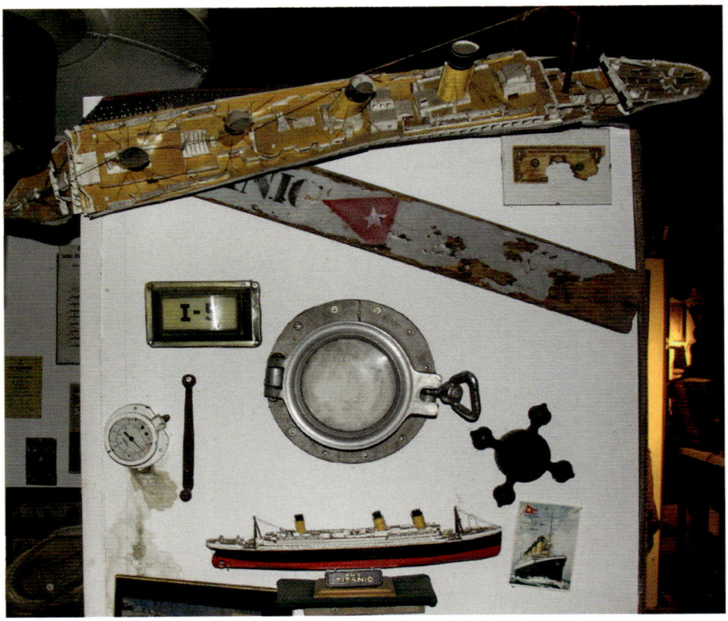

Tiefsee-Schätze: Gegen diese beeindruckende Sammlung wirkt das TITANIC-Museum in Belfast eher blass.

Seebäderschiff ETTA VON DANGAST

Stapellauf: 1935
Länge: 26,3 m
Breite: 5,0 m
Tiefgang: max. 1,0 m
Motorleistung: 200 PS
Geschwindigkeit: 10 kn
Heimathafen: Varel

Mehr über dieses Schiff: „Wattenmeer und Jadebusen sind das Revier der ETTA VON DANGAST", in: OCEANUM – Das maritime Magazin, Band 2. Euro 15,90. www.oceanum.de

шутка – wen wundert's – übrigens Scherz, Spaß oder Witz.
Auf der Südseite des Vareler Hafens ist mit dem Seebäderschiff ETTA VON DANGAST schließlich noch ein echter Seefahrt-Klassiker zu entdecken, der ausnahmsweise nicht bloß erschwindelt oder in der Künstlerwerkstatt zusammengeschraubt wurde. Irgendwo in diesem Bereich des Hafens soll sie also gestanden haben, die Seemannskneipe Käpt'n Bluff, wo die Matrosen am Tretboot-Tresen ihr Bier bestellt haben. Wer's nicht glaubt, sollte am besten mal mit eigenen Augen nachsehen, da hinterm roten Vorhang am Vareler Hafen.

Zuerst Schlepper in Norwegen, später im Linienverkehr zur Insel Langeoog im Einsatz: ETTA VON DANGAST.

Aus neuen und alten Fotoalben

Unser Bilderarchiv wächst und viele Leserzuschriften erreichen uns. Einen kleinen Teil dieser Schätze möchten wir Ihnen in diesem bunten Kapitel präsentieren.

RÜGEN
Andreas Boettcher fotografierte 1996 den Fährhafen Sassnitz. Das Fährschiff RÜGEN wird im Fährbett gerade beladen. Alle Fährschiffe in Bildern und die Geschichte der Sassnitzer Fährhäfen lesen Sie in unserem OCEANUM SPEZIAL Die Fährhäfen in Sassnitz und Mukran (Rügen).

STÜCKGUTFRACHTER
Um 1975 fotografierte Klaus-Peter Kiedel in der Bremerhavener Nordschleuse den 1955 gebauten Stückgutfrachter JOHN PENN. Er wurde von der amerikanischen Waterman Steamship Corporation bereedert. Buchtipp: Klaus-Peter Kiedel, Schiffe, Häfen und das Meer (OCEANUM Schiffahrt und Fotografie).